本书由南京大学文学院副院长、
中国古代文学教授苗怀明博士审订，
　　　　　特此致谢。

把成语用起来

一读就会用的
分类成语故事 九

关系和情义 · 战争和灾难

歪歪兔童书馆 / 编著

海豚出版社
DOLPHIN BOOKS
中国国际传播集团

17／关系和情义

宾至如归	4	千里犹面	24	马首是瞻	42
虚左以待	6	一厢情愿	26	各自为政	44
推己及人	8	物以类聚，人以群分	28	众叛亲离	46
解衣推食	10			舟中敌国	48
推心置腹	12	相见恨晚	30	以邻为壑	50
千里鹅毛	14	臭味相投	32	分道扬镳	52
唇亡齿寒	16	同病相怜	34	一饭千金	54
白头如新	18	勠力同心	36	高山流水	56
退避三舍	20	众志成城	38	刎颈之交	58
离群索居	22	相濡以沫	40	市道之交	60

18／战争和灾难

厉兵秣马	62	鹿死谁手	86
先发制人	64	负隅顽抗	88
背水一战	66	困兽犹斗	90
破釜沉舟	68	以卵击石	92
粉身碎骨	70	螳臂当车	94
马革裹尸	72	城门失火，殃及池鱼	96
所向披靡	74		
两败俱伤	76	怀璧其罪	98
名落孙山	78	覆巢之下无完卵	100
如鸟兽散	80		
偃旗息鼓	82	欲加之罪，何患无辞	102
城下之盟	84		

附录／分类成语　104

宾至如归
bīn zhì rú guī

春秋·左丘明《左传·襄公三十一年》:"宾至如归,无宁灾患,不畏寇盗,而亦不患燥湿。"

释 宾:客人。归:回家。客人来到这里就像回到了自己家一样。形容招待热情、周到,使客人十分满意、自在。

近义 无微不至 嘘寒问暖

反义 漠不关心 冷若冰霜

春秋时期,郑国有位大臣叫子产,他在郑国当了很多年国相,把国家治理得非常好。

有一次,郑国君主让子产带着礼物出使晋国。晋国君主晋平公根本没把小小的郑国放在眼里,当时鲁襄公刚去世,晋平公就找借口说,他要悼念鲁国君主,没空见使者,只将子产等人草率安置在接待使者的宾馆里。

子产很气愤,让人把宾馆的围墙给拆了,把装着礼物的马车直接拉进宾馆里。晋平公听说后,马上派大臣士文伯去谴责子产。士文伯见到子产,质问道:"我们在宾馆周围筑起坚固的围墙,是为了保障各国使者的安全。可是现在,你擅自让人把围墙拆掉,使者们的安全怎么保证?"

子产可不怕士文伯,他不卑不亢地说:"我们郑国是不起眼的小国家,需要来给你们大国送礼物。可我们千辛万苦到达这里,却被告知,你们的国君没空见我们!不仅如此,连什么时候能见上面也不知道。"

士文伯觉得理亏,态度缓和了一些。子产更加理直气壮地大声嚷嚷:"我听说,当年晋文公可不是这样。他是各诸侯国的盟主，自己住着低矮的宫殿，却把宾馆建得很高大。使者们来到晋国，能马上把礼物献给君主。使者们遇到不懂的事情和难以克服的困难，晋文公都会尽心帮忙。各国使者来到晋国，感觉就像回到家中那样亲切，不用担心有什么灾患，也不用担心有盗贼，住的地方干燥舒适，不会潮湿污浊。"

士文伯脸红了，不知道该说什么才好。子产把他领到宾馆门前，指着门口说："你自己看看，你们国君的宫殿方圆数里，宾馆却这么小，门这么窄，根本就是给地位低下的奴隶住的。我们的车辆和马匹连宾馆的大门都进不去，宾馆的围墙又翻不过去，所以只好拆掉它，这样才能保证带来的礼物不会丢失。我们使者的责任就是要保护好带来的礼物。"

最后子产承诺，如果能尽快向晋平公献出礼物，他们会负责把拆掉的围墙修好。

士文伯回去后把子产的话转达给晋平公。晋平公意识到自己的做法不对。他马上安排与子产见面，设下宴席款待郑国使者，还回赠了很多礼物。最重要的是，晋平公让人重新修建了高大豪华的宾馆，好让各国使者在晋国都能有宾至如归的感觉。

例句

- 臣家贫无器皿，酒肆百物具备，宾至如归，适有乡里亲客自远来，遂与之饮。（宋·欧阳修《归田录》）
- 这家酒店房间舒适、饭菜美味，对客人服务热情周到，给人宾至如归的感觉。

成语个性

这个成语主要表现了款待客人时的热情周全，可以用于主人招待客人，也可以用于旅店、饭馆等招待宾客。

虚左以待
xū zuǒ yǐ dài

汉·司马迁《史记·魏公子列传》:"公子从车骑,虚左,自迎夷门侯生。"

释 虚:空出,留着。左:左边尊贵的位置。待:等候。留出左边尊贵的位置恭候最重要的客人。也泛指留出位置恭候他人。

近义 虚位以待 礼贤下士 以礼相待

你听说过"战国四公子"之一的信陵君吗?他是魏昭王的儿子魏无忌。信陵君喜欢结交天下有才能的人，即便对方比自己的地位低，他也会以礼相待。信陵君让这些人住在自己的府上，供给他们衣食，这些人被称为门客。

有一次，信陵君听说，在魏国国都大梁城东门，有个叫侯嬴（yíng）的看门人，是位才德出众的隐士。信陵君马上准备了丰厚的礼物，恭恭敬敬地去见侯嬴。这侯嬴已经七十岁了，身上穿着破衣服，头上戴着破帽子，生活很贫穷。可是他见到信陵君带着礼物来了，却皱着眉头说："我虽然是个贫穷的守门人，不过这些年来，一直都很注重修习德行，所以不能接受这些礼物。"听侯嬴这么说，信陵君不但没生气，反而露出了欣赏的笑容。

信陵君回去后，让人准备豪华的宴席，请门客们都来参加。然后，信陵君留出马车上左边尊贵的位置，亲自驾着马车去城东门接侯嬴。

侯嬴见到这阵势，一点儿也不推辞，他整理了一下自己的破衣服、破帽子，径直上了马车，坐在信陵君专门为他留出的位子上。信陵君一点儿也没有生气，而且对侯嬴的态度更加恭敬了。他双手握着缰绳，语气温和地嘱咐侯嬴坐好，然后就稳稳当当地驾着马车出发了。

走到半路，侯嬴突然对信陵君说："我有个朋友叫朱亥，在市场上卖猪肉，请您顺路带我去看看他。"信陵君没半句抱怨的话，赶着车去了市场。见到朱亥后，侯嬴故意和他聊了很久，边聊边斜着眼睛悄悄观察信陵君。虽然这时信陵君府上早已经有很多宾客坐在那里等候了，但信陵君依旧耐心地等着侯嬴，既不催促，脸上也看不出任何生气的表情。

侯嬴觉得，信陵君确实很有肚量，就跟着他回到府中。后来，侯嬴还把好朋友朱亥也推荐给了信陵君。他们在信陵君带兵援助赵国抵抗秦军的战争中，几乎拼尽了全力。这应该算是侯嬴对信陵君虚左以待的报答啦！

例句

🍄 诸贵客见公子亲往迎客，虚左以待，正不知甚处有名的游士，何方大国的使臣，俱办下一片敬心伺候。（明·冯梦龙《东周列国志》）

🍄 学校准备聘请一位优秀的老师带这个班，班主任的位置正虚左以待。

成语个性

在我国不同朝代，左边和右边的尊贵程度会有不同，先秦时期，视左边为尊贵的位置；汉代则以右为尊。与意思相近的成语"礼贤下士"相比，"虚左以待"更强调尊敬他人的方式和毕恭毕敬的态度。

17 关系和情义／待客·虚左以待

推己及人
tuī jǐ jí rén

晋·傅玄《傅子·仁论》:"夫仁者,盖推己以及人也。"

释 推:推测,揣度。以自己的心思去揣度他人的心思。指站在别人的角度思考问题,设身处地为他人着想。

近义 将心比心 设身处地 易地而处　**反义** 以己度人

　　春秋时期的齐国,有一年冬天,一连下了三天三夜的大雪。大地银装素裹,这白茫茫的美景令齐国国君齐景公很是喜欢。

　　齐景公披着狐狸皮大衣来到宽敞的大殿,坐在那里惬意地欣赏起雪景来。他越看越觉得这景色壮美,心里希望大雪再接着下几天,那样雪景一定会更美。

　　这时齐景公的大臣晏(yàn)子来了。晏子可没有齐景公那样的雅兴,他看着厚厚的白雪,脸上的表情显得很忧愁。

齐景公完全没有察觉到晏子的情绪，笑着对他说："也真是奇怪啊，这雪下了三天，可一点儿也不觉得冷。"

晏子听齐景公这么说，就上下打量了一下他。原来这位高高在上的君主，身上穿着厚实的皮大衣，又待在室内，怎么会知道外面的冰天雪地有多寒冷呢？

于是晏子故意问了一句："您真的不觉得冷吗？"齐景公不明白晏子的话是什么意思，只是笑呵呵地看着雪景，点了点头。

晏子忧心忡忡地说："我听说，古时候的圣贤君主，自己吃着丰盛的食物，总会想到那些饿肚子的人；自己穿着暖和的衣服，总会想到那些受冻的人；自己过着舒适安逸的生活，总会想到那些吃苦受累的人。而现在的君主似乎只想着自己，是不是也应该想想百姓呢？"

齐景公听晏子这样一说才意识到，自己确实应当推己及人，想想那些贫苦的老百姓。他对晏子说："你说得对，我知道该怎么做了。"于是马上派人拿出宫里的皮衣、粮食，分发给那些在大雪天里挨饿受冻的人们。

例句

- 他说为人要有真性情，要有同情心，能够推己及人。（朱自清《经典常谈·诸子》）
- 好朋友之间闹矛盾了，要推己及人，这样彼此才会更加包容。

成语个性

本成语故事出自《晏子春秋》。这个成语强调要换位思考，多用于人与人之间的交往和相处，特别是遇到问题和发生矛盾时。孔子的名言"己所不欲，勿施于人"，是对推己及人的最好诠释。

关系和情义 / 待人 · 推己及人

解衣推食

汉·司马迁《史记·淮阴侯列传》:"汉王授我上将军印,予我数万众,解衣衣我,推食食我,言听计用,故吾得以至于此。"

释 解:脱下。推:让给。脱下衣服给其他人穿,让出食物给其他人吃。形容对人无微不至地关心和帮助。

近义 慷慨解囊 助人为乐 关怀备至 **反义** 一毛不拔 漠不关心 巧取豪夺

韩信是西汉初年一位杰出的军事将领。他早年家境贫寒,在项羽起兵反抗秦王朝的时候,投奔了项羽,但一直没有得到重用。眼看自己能征善战的本事没法施展,韩信很不甘心。

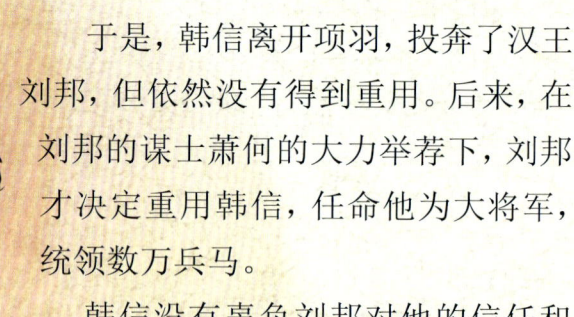

于是,韩信离开项羽,投奔了汉王刘邦,但依然没有得到重用。后来,在刘邦的谋士萧何的大力举荐下,刘邦才决定重用韩信,任命他为大将军,统领数万兵马。

韩信没有辜负刘邦对他的信任和期望,在项羽和刘邦争夺天下的楚汉战争中,为刘邦打了不少胜仗。

有一次,韩信带兵攻陷了齐国,还把项羽派来的二十万援军打得落花流水,项羽的一员猛将也在这场战役中战死。为了稳定局势,韩信向刘邦建议,希望自己被任命为代理齐王,暂时管理齐国事务。刘邦在谋士的劝说下,干脆正式封了韩信为齐王。

项羽真正领教了韩信的厉害,想到如果韩信和刘邦继续合力对付自己,势必会让自己腹背受敌,于是派出谋士武涉去劝韩信自己独立。事实上,项羽是想要用这种方式，破坏刘邦和韩信之间的关系。

武涉恭恭敬敬地对韩信说："您现在功勋卓著，如果脱离汉王刘邦，凭您的实力，一定可以分得三分之一的天下，成为有实力的霸主。况且您原本就与西楚霸王项羽有过交往，如果现在您想要独立，项王必定会出手相助。"

韩信笑着摇了摇头说："当年我身为项王的属下，官职卑微，对于我的计策，项王根本不予理会，所以我才投奔了汉王。汉王对我非常器重，他授予我上将军的大印，让我率领几万兵众，脱下自己的衣服给我穿，把自己的食物分给我吃，我给他提的建议他都会采纳，所以我才有了今天。汉王对我这么好，这么信任我，我是无论如何也不会背叛他的。"

就这样，韩信继续为刘邦带兵打仗，最后打败了项羽，为刘邦建立西汉立下了大功。

17 关系和情义 / 待人·解衣推食

例句

- 时京师大饥，百姓皆于江外就食，朗更招致部曲，解衣推食，以相赈赡，众至数万人。（唐·姚思廉《陈书·荀朗传》）
- 王老师热心于公益事业，经常解衣推食，去帮助那些生活困苦的人。

成语个性

这个成语由"解衣衣我，推食食我"演变而来。与韩信有关的成语还有"一饭千金""鸟尽弓藏""成也萧何，败也萧何"等。

千里鹅毛
qiān lǐ é máo

宋·欧阳修《梅圣俞寄银杏》:"鹅毛赠千里,所重以其人。"

释 从很远的地方送来鹅毛。指礼物虽然微薄,却饱含深情厚意。

唐太宗统治时期,位于现在云南地区的回纥(hé)国发现了一只十分少见的白天鹅,回纥国王便派大臣缅(miǎn)伯高带着人,把这只白天鹅和一批金银珠宝给唐太宗送去。

缅伯高知道,从回纥到唐朝都城长安,有上千里的路要走,万一天鹅水土不服,死在路上可就麻烦了。于是一路上,缅伯高对这只天鹅精心照料,亲自给它喂水和食物。有时怕路途颠簸,缅伯高甚至会像抱着稀世珍宝一样,抱着关天鹅的笼子赶路。可即便是这样,天鹅因为总是被关着,精神还是越来越差了。

当进贡队伍走到今天湖北省的沔(miǎn)阳湖边时,缅伯高发现天鹅竟然耷拉下了脑袋,眼睛微微睁着,嘴巴一张一合地喘粗气。缅伯高赶紧把笼子打开,把天鹅放出来透透气,让它喝点水。

没想到,天鹅在湖边喝了几口水后就来了精神,它伸长了脖子,张开了翅膀,用力一扇,飞了起来。缅伯高赶紧张开手臂扑上去,想要抓住天鹅,却没有抓住,还一头摔在了泥地上。缅伯高抹了抹脸上的泥巴,抬头看看空中越飞越远的天鹅,再低

17 关系和情义 / 礼节·千里鹅毛

将鹅贡唐朝，山高路遥遥。沔阳湖失宝，倒地哭号号。上奉唐天子，可饶缅伯高？礼轻人意重，千里送鹅毛。

大意是说：我代表回纥给唐朝来送白天鹅，可是山高路远，一路上充满艰辛。我们来到沔阳湖畔，不小心让天鹅飞走了，我伤心懊悔得倒地痛哭。不知大唐天子能不能饶恕我缅伯高的罪过？我们不远千里，送来几根天鹅毛，这份礼物虽然很轻，但其中却饱含着我们回纥人对大唐的深厚情谊。

唐太宗看到诗后，被缅伯高千里送鹅毛的真情所感动，不但没有怪罪他，还重重地赏赐了他。

头看看，手里只有几根从天鹅翅膀上抓下来的羽毛。这可怎么办呢？

缅伯高发了半天呆。他想，如果现在返回去，肯定会被国王责罚。可如果继续往前走，见到唐太宗后该怎么说呢？缅伯高左思右想，觉得反正横竖都是自己的错，干脆就去冒死一搏吧。于是缅伯高将这仅有的几根天鹅毛包好，带着队伍继续前进。

到达长安后，缅伯高去向唐太宗进贡。他还在包天鹅毛的白手绢上写了首诗：

例句

🍂 千里鹅毛意不轻，瘴衣腥腻北归客。（宋·黄庭坚《长句谢陈适用惠送吴南雄所赠纸》）

🍂 朋友专门从大洋彼岸将这个蝴蝶标本寄给她，她深知，千里送鹅毛，礼轻情意重，于是赶快给朋友打去电话表示感谢。

成语个性

这个成语主要用于送礼物的时候，表达礼轻情意重的意思。宋代文学家欧阳修曾收到一包银杏果，是好朋友梅圣俞专门寄来的，欧阳修就在诗中用"千里鹅毛"来形容朋友的这份深情厚意。在实际使用中，也常写成"千里送鹅毛，礼轻情意重"。

唇亡齿寒
chún wáng chǐ hán

春秋·左丘明《左传·僖公五年》："谚所谓'辅车相依，唇亡齿寒'者，其虞、虢之谓也。"

释 亡：消失，没有。寒：感到寒冷。如果嘴唇没有了，牙齿会感到非常寒冷。比喻双方互相依存，利害攸关，关系极为密切。

近义 唇齿相依 息息相关 休戚与共　**反义** 势不两立 不共戴天 风马牛不相及

春秋时期，晋国是北方的一个大国，虞（yú）国和虢（guó）国是它南边的两个小国。这一年，晋国君主晋献公打算向虢国出兵。

从地理位置上看，虞国夹在晋国和虢国之间，晋国大军要想攻打虢国，就一定要经过虞国。这可怎么办呢？

晋献公皱着眉头问大臣们："你们谁有办法可以让晋军从虞国通过？"

大臣荀息说："虞国君主是个容易被眼前利益迷惑的人，我们想借用虞国的道路，只需要给虞国君主送去珍贵的玉石珠宝和良种马匹就行了。"

把这么多贵重的礼物送给虞国，晋献公有点舍不得。荀息安慰君主说："虞国和虢国之间相互依存，如果我们能够成功占领虢国，就可以轻松灭掉虞国。到那时，这些礼物自然会回到我们手中，现在只是暂时在虞国存放一下。"

晋献公还是不放心，又提到虞国有个叫宫之奇的大臣，担心他会劝虞国君主不要借道。荀息说："宫之奇虽然精明，但他很了解虞国君主的性格，发现劝不动的话也不会强求。我们向虞国借道的事情必定能行。"

听荀息这么一分析，晋献公彻底放心了，马上点头同意，让荀息赶紧按计策去办。

虞国君主收到晋国的礼物后，开心得合不拢嘴，果然不听宫之奇的劝阻，答应借道给晋军。就这样，晋军顺利地经过虞国，大败虢国军队，占领了虢国大片土地。

时隔三年，晋军再次派兵讨伐虢国，又向虞国借道。大臣宫之奇急得直跺脚，赶紧劝虞国君主说："千万不能再这样做啊！虞国和虢国相邻，又都是小国，如果晋国消灭了虢国，我们虞国也会受到威胁。有句老话说，人的脸颊与牙床骨彼此依存，嘴唇和牙齿也一样，如果嘴唇没有了，牙齿会感到寒冷，恐怕也留不住了！"

虞国君主还是不听劝，依旧大方地借道给晋国。这下宫之奇对虞国君主彻底失望了。他意识到虞国即将灭亡，于是赶紧收拾行李，带着家人悄悄离开了虞国。

后来正如宫之奇预料的那样，晋国大军借用虞国道路，灭掉了虢国，回师时顺带攻打虞国，并把虞国君主抓了起来。没有了虢国的支援，虞国也跟着灭亡了。

关系和情义 / 密切·唇亡齿寒

🔶 **例句**

🔸 时虽已下荆楚，孟昶（chǎng）有唇亡齿寒之惧。（宋·文莹《玉壶清话》）

🔸 我们两家公司业务联系紧密，唇亡齿寒，我们一定会全力帮你们渡过这个难关。

成语个性

唇亡齿寒强调彼此之间的利害关系，一方遇到困难，另一方也会跟着受到不利影响。与这个成语相似的"唇齿相依"，则主要强调彼此之间的依存关系。

白头如新
bái tóu rú xīn

汉·司马迁《史记·鲁仲连邹阳列传》:"谚曰:'有白头如新,倾盖如故。'何则?知与不知也。"

释 白头:头发变白了,指到了老年。新:新认识的朋友。虽然相识很久,但到了老年还像刚刚认识一样。指彼此交情很浅。

近义 形同陌路 半面之交 泛泛之交

反义 倾盖如故 情投意合 一见如故

　　如果你被人冤枉了,通常会怎么办呢?是没完没了地大哭,还是不吃不喝地发愁?其实,这对于解决问题都是行不通的。最好的办法就是,为自己辩解,和对方讲道理。我国西汉时期有位学者叫邹阳,他就是这么做的。

　　邹阳博学多才,他原本在吴王刘濞(bì)那里当门客。后来吴王打算谋反,邹阳写下了《上书吴王》,想要劝他打消这个念头。可这吴王实在是不听劝,邹阳便离开了吴王,在汉景帝刘启的弟弟梁孝王那里当了门客。

　　邹阳这个人不仅足智多谋,还非常正直,从不与官场上那些喜欢耍阴谋诡计的人打交道。恰恰也是因为这样,有人便在梁孝王那里编造谎言,说邹阳的坏话。梁孝王信以为真,就派人把邹阳抓起来,打算判他死罪。

在监狱中,邹阳想到自己就要这么被人诬陷而死,实在是气愤极了。于是他向看管监狱的人要来纸笔,撸起衣袖,给梁孝王写了一封信,这就是邹阳非常著名的《于狱中上书自明》,这篇文章一直流传到了今天。

邹阳在信中说:"荆轲为了燕国的太子丹,敢冒生命危险去刺杀秦王嬴政,但在这之前,太子丹还是怀疑过他,担心荆轲因为害怕而不敢马上行动。卞和的遭遇就更悲惨了,他明明对楚王一片忠心,发现了宝玉马上拿去献给楚王,可楚王偏偏不识货,认为那玉是块石头,给卞和定下欺君之罪,将他的双脚砍了下来。

还有李斯,帮助秦始皇治理国家,呕心沥血,兢兢业业,但秦二世登上皇位后,却将李斯杀死了!"

举了这么多例子,邹阳就是想向梁孝王说明一个道理,他在信中指出:"有句老话说,'两个人相识了很久,到了白发苍苍的老年却还像新认识一样陌生;两个人坐着车在路上相遇,停下车交谈几句就一见如故。'这是为什么呢?就在于两个人是不是真心想要结交,真正了解彼此啊!"

梁孝王非常重视人才,他看了邹阳的信后,马上让人把邹阳从监狱里放了出来。从这以后,梁孝王非常重视邹阳,把他视为贵宾,给予了优厚的待遇。

成语个性

这个故事还衍生出另一个成语"倾盖如故"。"倾盖"指两辆车在路上相遇停下来,车盖挨着车盖,车内的人亲切交谈。"倾盖如故"就是指和新认识的朋友一见如故,和"白头如新"正好相反。

例句

- 而八年之间,语言不接,吉凶不相问吊,反有白头如新之嫌。(宋·陈亮《与应仲实书》)
- 我和他认识很久了,却白头如新,对他的家庭和经历都不是很了解。

关系和情义 / 疏远·白头如新

退避三舍

tuì bì sān shè

春秋·左丘明《左传·僖公二十三年》："对曰：'若以君之灵，得返晋国，晋、楚治兵，遇于中原，其避君三舍。'"

释：舍：古代行军以三十里为一舍。带领大军后退九十里的路程。后泛指主动躲避或退让，以避免接触或是发生纠纷。

近义 委曲求全 逆来顺受 敬而远之

反义 针锋相对 勇往直前 迎难而上

晋文公重耳是春秋时期的五位霸主之一，但他早年的逃亡经历却充满了艰辛。

当年，晋国的君主晋献公听信宠妃骊（lí）姬的话，将太子申生逼死，又想把重耳这个有才能的儿子抓起来。重耳一看情况不妙，赶紧收拾行李逃跑了。

重耳从晋国这一跑，就跑了十多年。这些年里，重耳不是在这个国家避难，就是在那个国家躲藏，一直过着流亡的生活。其他国家的君主见重耳穿着破旧的衣服，跟随的仆人也没有几个，觉得他只是个被晋国遗弃的公子，对他的态度都很不好。

倒是楚国的楚成王看出重耳这人不一般。当重耳来到楚国时，楚成王穿上正式的衣服，带领着大臣们，非常隆重地接待了他。楚成王还专门为重耳大摆筵席，两人一边喝酒，一边闲聊。正聊得高兴，楚成王忽然问重耳："我现在这么热情地招待你，如果有一天你当上了晋国君主，会给我什么样的回报呢？"

重耳心想，楚成王不缺吃不缺穿，身边美女无数，金银珠宝也多的是，楚国这地方物产又丰富，究竟要拿什么回报他呢？终于，重耳想到了！他郑重其事地承诺说："如果托大王的福，有朝一日我能回晋国当上君主，我会努力让晋国与楚国友好相处。即便有一天晋楚之间不得不打仗，为了报答您，我会让晋军先撤退九十里，然后再开始作战。"楚成王周围的大臣一听，这算什么报答？正要责备重耳，却被楚成王制止了。

后来，重耳果然回国当上了国君。他兢兢业业地治理国家，使晋国一天比一天强大。终于有一天，晋国因为要与楚国争霸中原，真的要打仗了。

就在两国即将开战的时候，已经是晋文公的重耳信守了当年向楚成王许下的承诺，让自己的军队向后撤退九十里。这可是楚军始料未及的，他们以为晋军是被楚军吓怕了才撤退，于是集中兵力开始进攻。而晋军呢，避开楚军主力，从两侧包抄，最终大败楚国军队。

这就是历史上有名的城濮（pú）之战。晋文公退避三舍，既兑现了自己的诺言，又取得了战争的胜利，可以说是名利双丰收啦！

关系和情义／疏远·退避三舍

🍫 例句

🗨 可是一碰到嘴巴不闲的吴教授，他却要退避三舍，再也轮不到他。（杨沫《青春之歌》）

🗨 他太咄咄逼人，我们不想与他计较，只能退避三舍了。

成语个性

舍，不要读成 shě。

离群索居
lí qún suǒ jū

> 汉·戴圣《礼记·檀弓上》:"吾离群而索居,亦已久矣。"

释 群:指同伴。索:离散,孤单。指远离同伴,一个人孤独地生活。

近义 足不出户 深居简出　　**反义** 门庭若市 宾客盈门

孔子是我国春秋时期的大教育家、大思想家。据说孔子有三千多个学生,其中取得了很大成就的有七十二位,号称"七十二贤"。在这七十二位贤才中,又有十位号称"孔门十哲",是孔子最杰出的学生,有子渊、子贡、子路、子夏等。

这其中的子夏,性格实在有点儿特别。他不像孔子的其他学生那样能言善辩,他平时喜欢自己一个人待着。除了与同是孔子学生的曾参是好朋友外,子夏几乎与其他同学没什么交往,平时见面连话都不说。

子夏就是这样一个性格孤僻的人,也因此总是显得孤零零的。

有一次,子夏的儿子死了,他痛不欲生,就一直哭一直哭,哭得眼睛肿起来,都快看不到东西了。

这时,子夏的好朋友曾参赶来,见子夏这样悲痛欲绝,安慰的话说了一堆,劝导的话又说了一堆,都不管用。

曾参也没办法了,干脆气呼呼地指着子夏的鼻子,劈头盖脸地把他狠狠骂了一顿。

子夏被曾参这么一批评,头脑反而清醒了。他擦干眼泪,恍然大悟地说:"哎呀,我还有很多重要的事情要做呢!我之所以总是在悲痛的情绪中走不出来,就是因为平时远离同伴,自己一个人过着孤独的生活,太久不与别人交流了。我再也不能这样下去了!"

从这之后,子夏收拾起哀伤的情绪,开始走入人群,主动和其他同学交往。这也让子夏的性格变得开朗了一些,待人处事也热情多了。

例句

- 这不是我的理想,我不能长此离群索居,我想并且要求到江西苏区去。(丁玲《我所认识的瞿秋白同志》)
- 他是一位著名的植物学家,喜欢离群索居,独自在森林里采集植物标本。

17 关系和情义 / 隔绝·离群索居

成语个性

离群索居既可以指人,也可以指动物。用来形容人时,往往强调这个人性格孤僻。

千里犹面
qiān lǐ yóu miàn

五代后晋·刘昫（xù）《旧唐书·房玄龄传》：「此人深识机宜，足堪委任，每为我儿陈事，必会人心，千里之外犹对面语耳。」

释 面：当面，对面。比喻事情传达得清楚、准确，即使相隔很远，也像面对面讲话一样。也指虽然远隔千里，但因为长期保持联系，就像面对面一样亲密。

近义 天涯比邻　　**反义** 同床异梦　语焉不详　不知所云

唐太宗李世民是位重视人才的皇帝。早在隋朝末年，李世民就跟着父亲李渊在现在的山西太原带兵起义，后来推翻了隋朝的统治，建立了唐朝。

当时，房玄龄、杜如晦、秦琼、尉迟敬德等很多有才能的人都相继为李世民效力，这些人才中，有的文采出众，有的武功卓越，其中房玄龄就是文人的典范。

房玄龄写得一手好文章，这让李世民对他尤其欣赏。那时，房玄龄经常帮李世民写文书。对于公务繁忙的李世民来说，房玄龄的工作非常重要，他能很好地领会李世民的所思所想，然后形成书面文字。房玄龄写的这些文书，不仅能够恰如其分地传达李世民的意思，还极大地提高了李世民整个团队的办事效率，为李世民减轻了不少工作负担。

李世民的父亲李渊曾经说："房玄龄这个人知识渊博，为人机警，办事有分寸，足可以担当重任。每次看他帮我儿子写给我的书信公文，哪怕隔着上千里那么遥远的距离，都会觉得就像是儿子在面对面和我说话一样。"可见李渊对房玄龄的评价有多么高！

事实上，房玄龄这千里犹面的文字功夫，得益于他的智慧。房玄龄头脑聪明，对事情的看法既深刻又长远，因此他除了文采出众外，还是一位杰出的谋士。

在唐代历史上有"房谋杜断"的说法，这里的"房"指的就是房玄龄，"杜"指的是杜如晦，意思是说房玄龄很善于谋略，杜如晦很善于做决策。他们二人合作，辅佐李世民，不仅最终帮他当上了皇帝，还把唐朝治理得强盛起来。

🍪 **例句**

🌿 写信时不仅要语句通顺，还要言简意赅，尤其注意要表达清楚主旨，这样才会产生千里犹面的效果。

🌿 小明常和在外地工作的爸爸视频联系，虽然不能天天生活在一起，但也是千里犹面。

成语个性

千里犹面这个成语，一方面强调彼此距离的遥远，另一方面强调意思表达得清楚，通常用来形容一个人的文笔或是通过语言传达事情的能力。现在也可以用来形容借由电话、网络等新技术，人们远距离沟通时就像当面对话一样。

17 关系和情义／情谊·千里犹面

一厢情愿
yì xiāng qíng yuàn

古印度·伽斯那《百喻经》:"昔有田夫游行城邑,见国王女颜貌端正,世所希有,昼夜想念,情不能已……后日见之便语之言:'我等为汝便为是得,唯王女不欲。'田夫闻之欣然而笑,谓呼必得。"

释 厢:边,方面。指只从自己的主观愿望出发,根本不考虑对方的意见如何。也指忽视客观条件或现实情况。

近义 痴心妄想 痴人说梦 白日做梦　**反义** 两情相悦 两厢情愿 情投意合

相传,在很久很久以前,有个乡下的傻小子,有一天,他想离开自己的农家小院,到繁华的城市里去见见世面,于是来到了城里。刚进城门,傻小子就遇到了国王带着公主出行的队伍。

公主穿着华丽的长裙,戴着金光闪闪的饰品,坐在国王高贵的龙车上,被众多仆人簇拥着,那阵势令傻小子惊讶得目瞪口呆。尤其是公主漂亮的容貌、优雅的仪态,更是让傻小子心动不已。他目送着公主,站在那里看了很久都舍不得离开。

傻小子一下子就喜欢上了公主!他从城里回到家后,就患上了"相思病"。傻小子每天都想着公主,饭也不想吃,觉也睡不着。他还声称要把公主娶进门,成为自己的妻子。

家人担心这个傻小子病得越来越严重,就善意地骗他说:"我们去帮你问问公主,看她会不会答应这门亲事吧!"

没过多久,家人回来告诉傻小子,说公主没有答应这门亲事。家人以为这样告诉他,他就能死心了。谁知这傻小子听后却很高兴,说:"这下就好办了。等我自己去向公主提亲,她一定会答应嫁给我,因为我这边是很愿意的。"

傻小子这么"一厢情愿",大家都觉得他实在是太可笑了!

可见,如果我们想和一个人成为朋友,先要彼此认识和了解,然后再进一步建立友谊。否则,你对他人的喜欢就会变成单方面的情感,得不到对方的任何回应啦。

17 关系和情义 / 情谊·一厢情愿

成语个性

也写作"一相情愿"。"厢"指边、旁,如"这厢""那厢""这边厢""那边厢",以及戏曲中的"小生这厢有礼了"。

例句

声声口口说联合任何派别的作家,而仍自己一相情愿地制定了加入的限制与条件,这是作家忘记了时代。(鲁迅《且介亭杂文末编》)

完全不考虑现实情况,只是一厢情愿地做事,多数情况下会遭遇失败。

物以类聚，人以群分

《周易·系辞上》："方以类聚，物以群分，吉凶生矣。"

释 指同类的事物总是聚集在一起。现多指坏人臭味相投，勾结在一起。

近义 臭味相投　同流合污　一拍即合

反义 水火不容　薰莸异器　冰炭不同炉

战国时期，齐宣王统治时，齐国野心勃勃地想要进一步扩大疆域，称霸天下。因此齐宣王非常需要更多能干的人来帮忙，他向天下人发布告示说：希望大家多多为我推荐有才能的人。

告示一出，大家争着为齐宣王推荐人才。其中有位身材矮小的辩士叫淳于髡（kūn），竟然一口气给齐宣王推荐了七位有才能的人。这在齐宣王看来，可就有点儿奇怪了。他觉得，找到贤才并不是件容易的事，淳于髡在一天之内就推荐了这么多有才能的人，是不是在敷衍自己啊？

齐宣王说："我原本以为得到人才非常不容易。如果能在千里之内找到一位人才，在一百年间发现一位圣人，就已经非常了不起了。你在这么短的时间内，为我找到这么多人才，照这样看来，我齐国的人才就会多到数不胜数啦。我非常想知道，你究竟是怎么做到的呢？"

淳于髡笑着摇了摇头，说："大王啊，天地间的万物都是同类会聚在一起的。您看，翅膀一样的鸟类聚在一起生活，脚趾相同的走兽合在一起奔跑。如果去低湿的洼地找柴胡、桔梗（jié gěng）之类的药材，几辈子也采不到一两；但如果到梁父山的北坡去采集，那就多得要用车装。人其实也是一样的。我淳于髡虽然貌不惊人，但才能被大王所赏识，我身边也聚集了很多和我一样有才能的人。所以我为您推荐人才，就像从河里取水，用打火石打火一样，当然是非常容易的了。"

这下齐宣王终于明白了，原来淳于髡确实是在用心推荐人才，而不是应付自己。齐宣王决定认真想想，如何好好重用淳于髡推荐的这七位贤才。还没等他想好呢，淳于髡又信誓旦旦地保证，要向齐宣王推荐更多的人才。看来这"物以类聚，人以群分"发掘人才的方法，还真是效率很高啊！

🌰 例句

🍃 自古道：物以类聚。过迁性喜游荡，就有一班浮浪子弟引诱打合。（明·冯梦龙《醒世恒言》）

🍃 物以类聚，人以群分，你我志不同，道不合，以后还是不要再做朋友了吧。

成语个性

本故事出自《战国策·齐策三》，根据这个故事演化出"物以类聚，人以群分"这个成语。最初指同一种类的事物，或者是志趣相投的人总会聚集在一起，并无贬义。后来逐渐演变成一个贬义成语，指坏人、臭味相投的人勾结、聚集在一起。"物以类聚"也可单用，意义一样。

---

17 关系和情义 / 投合·物以类聚，人以群分

相见恨晚

xiāng jiàn hèn wǎn

汉·司马迁《史记·平津侯主父列传》："天子召见三人，谓曰：'公等皆安在？何相见之晚也。'"

释 恨：遗憾，惋惜。为彼此相识太迟感到惋惜。形容一见如故，情意相投。

近义 相知恨晚 一见如故 情投意合　　**反义** 白头如新 形同陌路 貌合神离

西汉时期，有位才能出众的人叫主父偃（yǎn），他是齐国临淄（在现在的山东省淄博市）人。主父偃非常喜欢学习，从与外交有关的纵横术，到《春秋》等儒家经典学说，他都认真研究过，并且非常精通。

不过主父偃的才能一直得不到认可。在他的家乡，那些崇尚儒学的人认为，主父偃只是半路转来学习儒家学说的，根本不够专一。主父偃只好离开家乡，来到燕、赵等诸侯国，本想干一番大事业，可没想到还是得不到重视。

眼看自己的一肚子才学没有用武之地，主父偃越想越不服气。后来他想到，自己可以去都城长安啊！那里不仅机会多，还会遇到很多像自己一样有才能的人。于是，主父偃来到了长安。大将卫青很欣赏主父偃的才能，把他推荐给了汉武帝，但一直没得到汉武帝的回应。

这可怎么办呢？都到皇帝家门口了，可就是见不到皇帝，主父偃实在不甘心。于是他干脆写了一篇文章，直接上书汉武帝。汉武帝看到主父偃的文章后，觉得这个人很有才华，尤其是他关于反对讨伐匈奴的见解，虽然与自己的意见不同，但分析得很有道理。

汉武帝马上把主父偃以及和他一同上书的严安、徐乐都叫到了跟前。见面之后，汉武帝笑呵呵地对他们说："你们这几位有才能的人，原先都在哪里啊？让我找得好苦！我应该早点见到你们啊！"汉武帝和主父偃等几位贤才相见恨晚，跟他们聊了很久，并给了他们相应的官职。

这之后，主父偃更是经常给汉武帝上书提建议。主父偃的文章写得好，道理讲得有根据，汉武帝非常欣赏他，他的官也越做越大，一年之内就被提升了四次。

🌰 例句

🍂 当时相见恨晚，彼此萦心目。（宋·方千里《六幺令》）

🍂 他们两个人一见面就开始聊天，从早聊到晚，大有相见恨晚的感觉。

关系和情义 / 投合·相见恨晚

chòu wèi xiāng tóu
臭味相投

春秋·左丘明《左传·襄公八年》:"今譬于草木,寡君在君,君之臭味也。"

释 投:投合。比喻思想、作风、爱好等相同的人互相投合。

近义 沆瀣一气　　**反义** 水火不容

17 关系和情义 —— 投合·臭味相投

春秋时期,晋国的实力比较强大,那些比它弱小的国家每年都会前来朝拜。

公元前565年的春天,鲁国派出使者前往晋国朝拜,按照两国礼节,晋国也要派人回访。这一次,晋悼公派出了范宣子。范宣子到达鲁国的时候,鲁国摆开一场盛大的欢迎宴会,宴会上端坐着刚刚十一岁的国君鲁襄(xiāng)公。

见这个国家比晋国弱小,国君还是个小小少年,范宣子不免有些轻视。他这次出使鲁国有两个任务,除了正常回访之外,还想联合鲁国和晋国一起去讨伐郑国。在欢迎宴会上,范宣子朗诵了一首诗《诗经·召南·摽(biào)有梅》,希望鲁国能够及时出兵,并暗示要是不答应就会有严重的后果。

由于鲁襄公年纪太小,鲁国的大臣季武子代为出面应答。他当时就明白了对方的意思,也朗诵了《诗经》中的另一首诗《小雅·角弓》,并说:"如果晋国国君是花、木、果实,我们鲁国国君便是花木散发出来的香气。两国亲如兄弟,又怎么会不及时出兵相援呢?"

要知道,晋国的开国国君是周成王的弟弟,鲁国的开国国君是周武王的弟弟,而周成王是周武王的儿子。论起辈分来,鲁国还要高出一辈呢。可是,由于国力较弱,国君年幼,范宣子自然不把鲁国放在眼里,这也是季武子不得不迎合对方的原因。

当范宣子即将离开的时候,季武子又朗诵了《诗经》中的《小雅·彤弓》,作为临别赠言,意在奉承对方:有了范宣子的帮助,晋悼公能建立更大的功业。

这让骄傲的范宣子十分满意,不仅收敛了霸气,反而变得谦恭有礼。

例句

- 刘大㧯(kuǎ)子也是最喜爱结交朋友的,便也来回拜。自此二人臭味相投,相与很厚。(清·李宝嘉《官场现形记》)
- 这几个小青年经常白天聚在一起吃喝玩乐,晚上出门一起偷鸡摸狗,真是臭味相投!

成语个性

在这个成语故事的出处中,"臭(xiù)味"本来指花木发出的香味,"臭味相投"指同类的人彼此投合。随着词义的演变,后来这个成语多含贬义,指一些有着同样坏毛病的人投合在一起,成语中的"臭(xiù)"字也念成了chòu。

同病相怜
tóng bìng xiāng lián

汉·赵晔《吴越春秋·阖闾内传》："子不闻《河上歌》乎？同病相怜，同忧相救。"

释 病：痛苦。怜：同情，怜惜。泛指因为有同样的痛苦或遇到相似的困境而彼此怜惜。

近义 惺惺相惜　物伤其类　　**反义** 幸灾乐祸　落井下石

17 关系和情义 / 同情·同病相怜

伍子胥生于春秋时期的楚国，他的父亲伍奢是楚平王的儿子太子建的老师。后来太子建被阴险的楚国大臣费无忌诬陷谋反，楚平王决定处死太子。太子逃走了，他的老师伍奢却受到牵连，连同大儿子都被楚平王处死了。幸亏二儿子伍子胥及时逃走，才保住了性命。

伍子胥逃到吴国，遇见了雄才大略的公子光。伍子胥尽全力辅佐公子光，最终帮他登上王位，这就是历史上赫赫有名的吴王阖闾（hé lú）。伍子胥因此深受信任，帮助阖闾管理各项国家事务。

说来也巧，还有一个叫伯嚭（pǐ）的人，跟伍子胥早年的悲惨遭遇很相似。伯嚭的父亲是楚国大夫，也是被费无忌陷害获罪，并且株连全家。伯嚭就像伍子胥当年那样，赶快逃到了吴国。

这时伍子胥已经是吴国的大人物了。伯嚭去找伍子胥，伍子胥毫不犹豫地收留了他，还把他推荐给了吴王阖闾。阖闾因为信得过伍子胥，设宴款待了伯嚭。宴会上，大臣被离见伍子胥对伯嚭这么热心，就满脸担忧地提醒他："伯嚭这人你都不了解他，怎么刚见面就为他做引荐啊？"

伍子胥有些伤感地说："不知道您听没听过《河上歌》，歌里说有着相同疾病的人会互相怜悯，有着相同困扰的人会互相帮助。我和伯嚭有着同样的悲惨遭遇，所以我一定要出手相助啊。"

被离无奈地摇摇头，觉得伍子胥不应该这样感情用事，因为他怎么看都觉得伯嚭不像是好人。可无论被离怎么劝告，伍子胥还是向吴王阖闾大力推荐伯嚭，伯嚭也因此当上了大官。

可恰恰就是这种同病相怜的情绪，蒙蔽了伍子胥的双眼，让他没有能够看出伯嚭贪婪、虚伪的本性。后来伯嚭不仅不知恩图报，还暗中勾结越国，怕被伍子胥发现后告发，就来个恶人先告状，在阖闾的儿子吴王夫差面前诬陷伍子胥，最终令他含恨死去。

例句

● 我虽然有个哥哥，你也知道的；只有个母亲，比你略强些。咱们也算同病相怜。（清·曹雪芹《红楼梦》）

● 你我同病相怜，就让我们携起手来，团结合作，共同渡过难关吧！

成语个性

《河上歌》是我国先秦时期的一首诗歌："同病相怜，同忧相救。惊翔之鸟相随而集，濑下之水因复俱流。"意思是：患同样疾病的人互相怜悯，有同样忧患的人相互救助。受到惊吓而飞翔的鸟儿相互追随而聚集，石下湍急的水受到阻挡旋转往复而同流。

勠力同心
lù lì tóng xīn

春秋·左丘明《左传·成公十三年》:"昔逮我献公及穆公相好,勠力同心,申之以盟誓,重之以昏(婚)姻。"

释 勠力:协力,合力。同心:心意一致,齐心。指大家团结起来,为了共同的目标一起努力。

近义 齐心协力 同心同德 同舟共济   **反义** 离心离德 四分五裂 勾心斗角

秦国和晋国是春秋时期的两个诸侯国。到了秦穆公统治时期,秦国的国力逐渐强大起来,成为春秋时期的强国。

秦国的地理位置偏西，秦穆公想与中原地区建立外交关系，而邻居晋国实力雄厚，特别适合与之联合。该如何和晋国搞好关系呢？秦穆公想到了"联姻"的好主意。

什么是"联姻"呢？就是秦穆公派人带着贵重的礼物，去向晋国君主晋献公提亲，希望晋献公可以把一位公主嫁给他。晋献公答应了秦穆公的请求，把自己的大女儿嫁给了他。这样秦国和晋国之间的关系就不是邻居那么简单了，晋献公成了秦穆公的老丈人，秦穆公则成了晋献公的好女婿，他们成了一家人。秦晋两国通过婚姻的形式实现了联合，历史上的"秦晋之好"就这样形成了。

可是，秦晋两国后来的关系并没有想象中那么好。虽然身为姐夫的秦穆公帮助小舅子夷吾当上了晋国的国君，可不久之后，夷吾就派兵来攻打秦国。秦穆公又把女儿嫁给夷吾的儿子公子圉（yǔ），谁知公子圉不受控制，跑回晋国想要自己当国君。秦穆公就开始支持另一个小舅子重耳，不仅把他扶上了晋国的君位，还把当初嫁给公子圉的女儿改嫁给了他。

可即便是这样，秦国与晋国之间的关系还是很不稳定。先是在晋楚两国的城濮之战中，晋文公重耳威名远扬，引起了秦穆公的不满。随后晋国和秦国约好了一起攻打郑国，可秦国违背约定，自己先撤兵了，这让晋文公很生气。后来晋文公去世了，秦穆公却又趁机向郑国派兵，这下两国的关系越来越糟啦。

后来，秦国暗中联合楚国想要攻打晋国，晋国得知后就准备先下手为强，联合其他诸侯国一起攻打秦国。但在当时，秦晋两国名义上还是友好结盟国家，晋国君主晋厉公便先派人给秦国送去一封绝交书，信中写道：过去，我们献公和你们穆公非常友好，<u>劲往一处使，心往一处想</u>，一起盟誓，并结为姻亲，可秦国做了很多背信弃义的事，所以晋国要与秦国绝交！

其实秦晋绝交，晋国也要负一定的责任。这也说明，"联姻"这种外交途径，根本不可能令两个国家勠力同心。

关系和情义

团结·勠力同心

例句

🌰 今欲与卿勠力同心，共安社稷，将何以匡计之乎？（南朝宋·范晔《后汉书·袁绍传》）

🌰 在这次足球比赛中，我们全体队员勠力同心，终于赢得了冠军。

成 语 个 性

也写作"同心勠力""勠力齐心"。勠，不要写成"戮"。成语"秦晋之好"原本是指秦晋两国君主数代通婚，后用来泛指联姻婚配。

众志成城

zhòng zhì chéng chéng

春秋·左丘明《国语·周语下》:
"众心成城,众口铄金。"

释 城:城墙。众人齐心协力,力量就像坚固的城墙。比喻团结一致,就能形成强大的力量。

近义 万众一心 勠力同心 众擎易举　**反义** 独木难支 孤掌难鸣 分崩离析

东周时期,周景王姬贵非常喜欢"大"的东西。他先是命人铸造了高面值的钱币,用这种"大钱"和老百姓手里的钱交换,从中获利,引起了大家的抱怨。

后来,周景王又要铸造大钟,就是一套体积巨大的编钟,铸成后悬挂起来演奏。周景王一想到用大钟演奏的盛大场面就兴奋得不得了,但这可急坏了他身边那些忧国忧民的大臣。

大臣单穆公劝周景王说:"之前铸大钱已经够劳民伤财的了,现在铸大钟只会让老百姓的生活变得更加困苦。编钟其实就是一种乐器,按照目前的设计来做,不仅

耗资巨大，造出来后钟声也未必好听。您这样执着下去会失去民心，更会威胁到国家的稳定啊！"

周景王听了很不服气，决定咨询一下专家，就把他的乐官州鸠找来了。周景王原本以为州鸠会支持他，可没想到，州鸠给他讲了一大堆乐理知识后，也提出了反对意见。他认为，演奏音乐和治理国家都需要和谐。周景王耗费那么多资源铸造大钟，老百姓怨声载道，演奏出的音乐也难以和谐。

可周景王依然不听劝，最终还是把他梦寐以求的大钟铸造出来了。这时，有些喜欢拍马屁的乐官就说："这大钟演奏出的音乐太好听了！"

周景王高兴极了，又把州鸠找来，得意地问他："你看，这大钟的声音是和谐的吧？"

州鸠无奈地摇摇头，说："如果大王您制造出的乐器能令所有人都很开心，这才是和谐。可是现在，耗尽了财力，到处都是老百姓的抱怨声，臣实在听不出这其中的和谐之音在哪里。况且，大家都支持的东西，很少有办不成的；大家都厌恶的东西，很少有不废弃的。有句老话说，万众一心，就像坚固的城墙一样不可摧毁；众口一词，就连坚硬的金属也可以熔化。您三年做了两件不得民心的事情，恐怕会出问题。"

周景王撇撇嘴，懒得再听他讲大道理，挥了挥衣袖就走了。

大钟铸好后一年，周景王就病死了，而这大钟奏出的音乐也一直都不和谐。

例句

🌑 百灵垂佑，四海归仁。众志成城，天下治理。（五代·何光远《鉴戒录·陪臣谏》）

🌑 面对洪水，武警战士们团结一致，众志成城，成功护住了大堤，保卫了人民的家园。

成语个性

"众心成城"后来写作"众志成城"，注意"城"不要写作"诚"。这个故事中包含两个成语：众志成城、众口铄金。"众口铄金"形容舆论的力量巨大，也形容人多嘴杂，足可以混淆是非。

17 关系和情义 / 团结·众志成城

相濡以沫
xiāng rú yǐ mò

战国·庄周《庄子·大宗师》："泉涸，鱼相与处于陆，相呴（xǔ）以湿，相濡以沫，不如相忘于江湖。"

释 濡：沾湿，浸润。沫：口水，唾沫。原本指鱼儿用口水相互湿润。后来指人们在困境中用微薄的力量互相帮助，彼此支持。

近义 同甘共苦 患难与共 同舟共济

反义 以邻为壑 落井下石 损人利己

庄子姓庄名周，是战国时期著名的思想家，他是老子之后道家学派最著名的学者，后来人们常常把老子和庄子合称为"老庄"。"老庄"思想对后世影响深远，直到现在，依旧有不少人是庄子的忠实粉丝呢！

庄子有一肚子学问，曾经在大江南北游历，见识也非常广博。庄子当时的名气，甚至比今天的大作家大明星还要响亮。楚国的国君楚威王听说庄子是位才德出众的能人，专门派人去邀请庄子，希望他能帮

关系和情义 / 互助·相濡以沫

助自己治理国家。可是没想到，庄子拒绝了楚威王，过起了悠闲自在的隐士生活。他在隐居期间，专心致志地做学问，写了很多著作。

庄子非常善于讲故事。他想象力丰富，总是能够通过浅显易懂的故事，通俗形象地阐明道理。他的著作《庄子》中，就有一个非常有趣的故事。

庄子说："据说鱼儿们有一种独特的生存方式。两条鱼在一起，它们周围的泉水渐渐干涸，眼看鱼儿们就要因为缺水活不下去了。这可怎么办呢？出于求生的本能，这两条鱼会奋力摆动身体，想方设法打湿对方。它们还会向对方嘴里吐口水，让彼此尽可能活下来。"可见为了求生，鱼儿们多么顽强啊！

不过庄子讲这个故事，原本是想告诉人们，鱼儿们与其这么辛苦地互相帮助，还不如干脆放弃来得自在。

然而后来人们觉得，两条鱼在生死关头能够相濡以沫地帮助彼此，这种精神实在是令人感动。所以庄子在故事里讲述的道理被淡化，倒是"相濡以沫"这个成语，成了鼓励大家勇敢面对困难，互相支持和帮助的常用语。

例句

- 幸福不喜欢喧嚣浮华，常常在暗淡中降临，贫困时相濡以沫的一个糕饼，患难中心心相映的一个眼神，都是幸福。（毕淑敏《心灵处方》）
- 多年来，我的父母相濡以沫，战胜了重重困难，创造出属于自己的幸福生活。

成语个性

这是一个褒义成语，强调尽管力量微薄，也要互相帮助。现在多用于形容夫妻之间的情感。

马首是瞻

春秋·左丘明《左传·襄公十四年》：
"荀偃令曰：'鸡鸣而驾，塞井夷灶，唯余马首是瞻。'"

释 马首：马头。瞻：往上看或往前看。原本指在战场上，士兵要看主将马头的动向决定进退。后泛指下属服从上级的指挥，或某个人心甘情愿地追随他人。

近义 唯命是从 亦步亦趋 俯首帖耳 **反义** 背道而驰 分道扬镳 大逆不道

春秋时期，中华大地上分布着许多大大小小的诸侯国，各诸侯国之间常常为了各自的利益大打出手。

在众多诸侯国中，秦国的实力越来越雄厚，总是仗着自己兵强马壮，向其他诸侯国出兵。特别是对邻国晋国，秦国经常派兵骚扰，这令晋国当时的国君晋悼公厌烦得不得了。

晋悼公是一位很有作为的君主，他派兵征服了郑国后，便决定给秦国一点颜色瞧瞧。于是，晋悼公利用各诸侯国对秦国的不满，联合了齐国、宋国、鲁国、卫国、郑国等十三个诸侯国的兵马，向秦国展开全面进攻。

诸侯国联军人多势众，很快便攻入秦国境内。可是秦国在河水中投毒，令诸侯国联军损失了不少兵力。眼看诸侯国联军的士气越来越低落，晋国大将荀偃（yǎn）作为这场战争的总指挥，想快点向秦国进攻，于是他命令将士们："明天清晨，公鸡一打鸣，我们就准备好车马出发。为了作战需要，各路大军务必要将做饭的灶台拆了，把水井填平。大家记住了，一定要看向我的马头，我的马头朝什么方向，大家就朝什么方向前进！"

荀偃本想通过这样的命令，让诸侯国联军都服从自己的指挥，在战场上速战速决拿下秦国。可没想到，他的命令引来了将士们的反感。大家觉得，不少士兵都中毒而死，荀偃不好好安抚大家的情绪，还这么专横地指挥人，真是没有同情心！于是

有位晋国将领就唱反调说："真稀罕，让我们打仗时看向您的马头，在晋国可没有人下过这样的命令。您的马头不是朝着秦国的方向吗？那您自己去打仗吧。我的马头可是朝着晋国的方向呢，我们这就要回国了。"

这下可好，这位将领带着一多半的晋军回国去了。其他诸侯国的将领见晋国撤兵了，也有了撤兵的念头。荀偃作为主帅，自己国家的军队都不服从命令，其他诸侯国还怎么能心甘情愿听他指挥？没办法，荀偃只好给自己找了个台阶，宣布停止攻打秦国，所有诸侯国联军撤兵。

秦国因为荀偃错误地下了唯我"马首是瞻"的命令，逃过了一场近乎于毁灭性的战争灾难。晋悼公联合各诸侯国讨伐秦国的计划，也就这么草草收场了。

🌰 例句

🌑 此游作何期会，作何章程，愿唯命是听，唯马首是瞻，胜于在家穷愁也。（清·龚自珍《与吴虹生书》）

🌑 你德才兼备，在接下来的工作中我们都唯你马首是瞻。

43

各自为政
gè zì wéi zhèng

春秋·左丘明《左传·宣公二年》："畴昔之羊，子为政；今日之事，我为政。"

释 为政：处理政事，也泛指做事。每个人都按照自己的主张独立行事。也指各做各的事情，互不相干。

近义 各行其是 各自为战

反义 万众一心 众志成城

郑国和宋国是春秋时期的两个小国，这两个国家之间的关系不太好，总是动不动就打仗。不过有一年，两国之间的一场仗却打得有点儿奇怪。

当时，战斗刚刚开始，士兵们拿着武器，还没怎么真刀真枪地对决呢，就听说宋国的大将军华元已经被郑国大军抓住了。郑国就这样轻而易举地打败了宋国。这究竟是怎么回事呢？

原来是华元的车夫羊斟（zhēn）搞的鬼。两国开战之前，华元让人宰杀了一批羊，煮熟后犒劳将士们，想让大家振作精神，好在战场上全力杀敌。可华元偏偏忘了叫上为他驾驶战车的羊斟。

羊斟一看，华元这么不把自己当回事，气得脸色都发青了。他想到自己平时为华元任劳任怨，辛辛苦苦地干活，如今却连口羊肉汤都分不到，于是决定要给华元一点儿颜色瞧瞧。

可这羊斟实在是不懂得顾全大局。就在华元坐着战车，准备指挥士兵作战的时候，羊斟却驾着车，对华元喊道："哈哈，昨天犒劳将士的事情，由你做主；今天战场上驾驶战车的事情，可就要听我的啦！"

还没等华元反应过来，羊斟就吆喝着战马，快马加鞭地把战车赶到了郑国的军阵中，被郑军团团包围。华元这位高高在上的宋国大将军，还没真正在战场上跟敌人拼杀呢，就被郑军给活捉了。宋军连最高指挥官都没有了，这仗还怎么打，于是郑国轻松取得了这场战争的胜利。

17 关系和情义／分裂·各自为政

🍄 例句

🥟 诸将专威于外，各自为政，莫或同心。（晋·陈寿《三国志·吴书·是仪胡综传》）

🥟 我们是一个团队，不能各自为政，应当携起手来，密切合作，这样才能高效率地实现团队目标。

成 语 个 性

注意这里的"为"，不要读成 wèi。

舟 zhōu 中 zhōng 敌 dí 国 guó

汉·司马迁《史记·孙子吴起列传》：「若君不修德，舟中之人尽为敌国也。」

17 关系和情义 / 离弃·舟中敌国

释 坐在同一条船里的人都成了敌对国家的人。比喻受到所有人的孤立，被大家一致反对。

近义 孤家寡人 众叛亲离 不得人心
反义 人心所向 众望所归 天下归心

吴起是战国时期著名的政治家、军事家，他在鲁国、魏国、楚国都做过官，辅佐过多位君主。

有一次，吴起陪着魏国君主魏武侯坐船顺流而下，沿黄河视察。船到中流，魏武侯被沿途美景深深迷住了，就回头对吴起感叹道："我们的大好河山这么险峻、稳固，真是太美了！这真是魏国的珍宝啊！"

吴起却对君主的话不以为然，他认真想了想，说出了自己的另一番见解："我认为要想国家长治久安，以道德为核心的仁政，比险要的地形更重要。您看远古时期的三苗氏，他们所处的地理位置极其险要，左边是洞庭湖，右边是彭蠡（lǐ）湖，周围到处是湖泊与山川，但三苗氏不知道修习德行，屡次侵犯中原，给老百姓带来灾难，最终被大禹消灭了。"

吴起停了停，见魏武侯听得很认真，继续说道："还有夏王朝，左边是黄河与济河，右边是险峻的泰山与华山，南边又有伊阙山，北边则是山间蜿蜒崎岖的羊肠坂险道，可夏朝的末代君主夏桀不懂得施行仁政，最后被商汤打败，自己遭到流放。"

刚好提到了商朝，吴起又说："商朝也是如此。到了商纣王时，商的领土左边是险要的孟门山，右边是绵延起伏的太行山，北边有常山，南边是黄河，但商纣王不行德政，最终被周武王消灭了。"

讲完这些故事后，吴起见魏武侯频频点头，就问道："现在您明白了吗？国家政权的稳固，君主的德行要远远胜过险要的地势。如果您不对老百姓施行仁政，现在这条船上的人都可能与您为敌，令您陷入孤立无援的境地啊！"

魏武侯认为吴起这"舟中敌国"的说法非常有道理，忍不住赞叹道："先生说得太对了！"

从这之后，魏武侯开始励精图治，兢兢业业治理国家，在吴起的辅佐下，把魏国治理得越来越强大。

例句

● 尔辈无恐，即舟中敌国，不能为我害也。（清·冒襄《影梅庵忆语》）

● 如果你不懂得与人为善，便很可能处处树敌，陷入舟中敌国的处境。

以邻为壑
yǐ lín wéi hè

战国·孟轲《孟子·告子下》:"禹之治水,水之道也,是故禹以四海为壑,今吾子以邻国为壑。"

释 邻:原指相邻的国家,后来指他人。壑:沟、坑。原指把邻国当成一个大水沟,将汹涌的洪水排到邻国去。后用来形容为了保全自己,将困难、灾祸推给别人。

近义 嫁祸于人

反义 相濡以沫 守望相助 与人为善

你听说过大禹治水的故事吗?

当年黄河水泛滥成灾,大量耕地被洪水淹没,老百姓的房屋也都被冲毁了,大家的生活实在是苦不堪言。负责治水的大禹经过实地考察,吸取了父亲治水失败的经验和教训,决定不再用"堵"的方法来治理黄河,而是对黄河水加以疏导,从而将洪水引到海洋中去。

大禹带领着老百姓,用了十三年的时间挖掘出很多道沟渠,让黄河水不再泛滥成灾。据说,大禹治水期间,曾经三次从自家门前经过,但因为忙着治理黄河,一次都没有进家门去看望自己的亲人。也正是因为这样的全心全意,大禹最终成功平息了水患。

到了战国时期,有个叫白圭的人,对水利方面的知识非常精通。魏国的国君知道后,就把白圭请去,让他当了国相,负责治水。不过白圭更善于修筑堤坝,对治水的精髓并没有完全掌握,但他却觉得自己很了不起。

当时刚好赶上大思想家孟子访问魏国,白圭一见孟子,就吹起了大牛皮。他扬扬得意地说:"我的治水本领无人能比,就连大禹也比不上我。"

白圭这么能吹牛,孟子实在有点看不惯,就不以为然地说:"你说得恐怕不对吧。大禹当年治理黄河水,将四海当成排水的水坑,根据水的流向加以疏通和引导,最终令洪水流入大海。大禹的这种治水方法,对自己而言,是有好处的;对他人而言,也没有坏处。"

接着,孟子瞪了白圭一眼说:"可你是怎么治水的呢?你只顾着修筑堤坝,却把相邻的国家当成了排水坑,让那些祸害百姓的洪水都流到了邻国去。你这种治水方法啊,对自己而言,是有好处的;对他人而言,却是有坏处的。就你这样治水,还好意思和大禹比?"

白圭"以邻为壑"的治水方法,在孟子看来,根本就是在干损人利己的事情,完全不值得提倡。

关系和情义 · 对立 · 以邻为壑

例句

🔹 诸公竟以邻为壑,一夜喧呼贼渡河。(清·黄遵宪《乙丑十一月避乱大埔三河虚》)

🔹 这家造纸厂以邻为壑,将有毒有害物质排放到附近的河水里,造成了严重的环境污染,应当对他们的行为进行严惩。

分道扬镳
fēn dào yáng biāo

北齐·魏收《魏书·河间公齐传》："洛阳我之丰沛，自应分路扬镳。自今以后，可分路而行。"

释 镳：马嚼子。扬镳：提起马嚼子，驱马前进。原指骑马分开走不同的道路。比喻彼此因志向不同，分别走不同的路，或是各干各的事。

近义 劳燕分飞 各奔前程 背道而驰　　**反义** 志同道合 通力合作 携手并肩

17 关系和情义 / 分离·分道扬镳

南北朝时期，北魏的孝文帝拓跋宏是位非常有作为的皇帝。为了巩固北魏的统治，大力推行中原地区的汉族文化，孝文帝将都城南迁到了洛阳（现在的河南省洛阳市）。

洛阳的地方官叫元志，他觉得自己饱览群书，口才又好，就非常骄傲。加上元志又是北魏的皇族宗亲，更觉得自己高人一等。

有一次，元志坐车出行，在街上遇到了官职比他高的汉族官员李彪。按照当时的规矩，元志应当给李彪让路，可元志故意把马车堵在路中间，就是不肯让路。李彪见元志这么没礼貌，气得吹胡子瞪眼，干脆跳下车，站在街上就跟元志大声吵了起来。

当时的官员出行，前后左右往往会跟随很多人马，老百姓看到了都要赶紧低头避开。这一次可倒好，元志和李彪这两位官员站在街中间吵架，跟随他们的人马多到把路都给堵住了，老百姓走不成路，只好站在旁边看热闹。

孝文帝听说了，就把元志和李彪都叫到跟前，让他们讲讲究竟是怎么回事。

李彪就说："我堂堂御史中尉，官职比元志高，他一个洛阳地方官，哪有与我争路的道理？"

元志根本不把李彪放在眼里，他挺了挺腰杆，理直气壮地说："我是洛阳的长官，洛阳现在可是国都。天下的人都有户籍编制，洛阳人按照户籍全部由我管理，你怎么能把我看成是普通的地方官呢？还要我给你让路，不可能！"

孝文帝听了李彪和元志的话，沉默了一会儿，心想这两位官员都担任着重要的职务，还是缓和一下他们之间的矛盾吧。孝文帝笑着对他们说："洛阳啊，是我的国都，这事由我做主啦！从此以后，你们俩谁也不要争、不要吵，把路分开，提起马嚼子，各走各的就好啦！"

就这样，孝文帝没有评判谁对谁错，而是巧妙地用分道扬镳的办法，解决了元志和李彪的争端。不过更加有趣的是，元志和李彪从皇帝那里出来，还真拿着尺子跑去丈量道路，两人把道路一分为二，从此各走各的路啦！

例句

- 四人又谈了一会各个安歇。到了次日，便分道扬镳。（清·吴趼人《痛史》）
- 合作伙伴如果志向不同，合作过程中往往会有很多分歧，与其这样影响办事效率，还不如分道扬镳。

成语个性

也写作"分路扬镳"。

一饭千金
yī fàn qiān jīn

汉·司马迁《史记·淮阴侯列传》："信钓于城下，诸母漂（piǎo），有一母见信饥，饭信，竟漂数十日……信至国，召所从食漂母，赐千金。"

释 指受人点滴之恩，给以丰厚的报答。

近义 知恩图报 饮水思源 感恩戴德

反义 忘恩负义 恩将仇报 过河拆桥

西汉时期的大将军韩信，年轻时日子过得非常贫穷，经常饿肚子。韩信实在饿得没办法了，只好拿着钓鱼竿到城墙下面的小河边钓点鱼回来吃。有时运气好，钓的鱼能勉强填饱肚子，可多数时候运气并不好，根本钓不到鱼。

在韩信钓鱼的那条河边，有许多专门靠给人洗衣服挣钱的老婆婆。这其中，有一位充满同情心的老婆婆见韩信天天饿肚子，都瘦成皮包骨了，就经常拿些饭菜来给韩信吃。

其实，老婆婆给人洗衣服也挣不了多少钱，日子过得并不富裕。所以韩信非常感动，他对老婆婆说："婆婆，感谢您对我的恩德！等我以后发达了，一定好好报答您！"

没想到，老婆婆却板着脸说："你一个男子汉不能养活自己，我是看你可怜，给你饭吃，希望你能好好活下来，可不是图你什么回报！"

韩信既羞愧又感激，他暗下决心，一定要努力干出点名堂来，将来好好报答老婆婆。真是功夫不负有心人，后来，韩信终于得到汉王刘邦的重用，他带领千军万马，为刘邦打了很多场胜仗，立下了大功。刘邦建立了汉朝，韩信也就成了汉朝的开国功臣。

这时的韩信，穿着丝绸衣服，骑着高头大马，威风凛凛，早已经不是当年那个经常饿肚子的穷小子啦，可他还记得当年老婆婆对自己的恩惠。韩信让人带着可口的饭菜，还有一千两黄金，给老婆婆送到家里，以此作为老婆婆当年帮助自己的报答。

老婆婆用一碗饭的恩惠，赢得了韩信日后一千两黄金的回报。一碗饭虽然算不得什么，但对那时饿肚子的韩信来说，确实是一饭千金啊！

例句

- 一饭千金图报易，五噫几辈出关难。（郁达夫《沉沦》）
- 你对我有恩，日后我必定会像韩信那样，用一饭千金的回馈，来重重报答你！

关系和情义

恩情 · 一饭千金

成语个性

注意，这个成语不能从字面意义理解成"吃一顿饭花费了千金"。历史上还有另一个"一饭千金"的故事：春秋时期的伍子胥在逃亡途中，一位浣纱姑娘把自己带的饭送给他吃，而且这位姑娘为了让伍子胥放心自己不会泄露他的行踪，跳河自杀了。伍子胥后来当上国相后，把千两黄金投进姑娘当年跳河的地方，作为对姑娘的报答。

17

55

高山流水
gāo shān liú shuǐ

战国·列御寇《列子·汤问》:"伯牙善鼓琴,钟子期善听。伯牙鼓琴,志在高山,钟子期曰:'善哉!峨峨兮若泰山!'志在流水,钟子期曰:'善哉!洋洋兮若江河!'伯牙所念,钟子期必得之。"

释 多用来指遇到知音,或是知音难得。有时也用来指演奏的乐曲高雅精妙,意境深远。

近义 阳春白雪 曲高和寡

反义 下里巴人 雅俗共赏

　　伯牙是春秋时期晋国的一位大臣,他从小就非常喜欢音乐,古琴弹得特别好。不过,虽然人们都夸伯牙的曲子弹奏得好听,但乐曲中那深奥的意境,却没人能够说得清。

17 关系和情义 / 友情·高山流水

直到有一天，伯牙回自己的故乡楚国办事，在途中遇到一位砍柴人，才算找到了真正能够读懂他的朋友。

那天，伯牙乘船走到汉阳江口，突然下起了大雨，他只好把船停在一座小山旁边。伯牙心情很不好，就拿出古琴开始弹奏。弹着弹着，忽然听到山上有人称赞道："弹得好，先生弹得好啊！"

伯牙惊讶地环顾四周，这才发现不远处的山上站着一位砍柴人，他吓了一跳。砍柴人连忙对坐在船上的伯牙说："先生不要害怕，我刚才听到琴声的精妙之处，忍不住赞叹起来，打扰到了先生，实在是太抱歉啦！"

伯牙感到奇怪，那么多文人雅士都听不懂自己的琴声，一个砍柴人竟然能听懂？于是他调整好琴弦，又开始弹奏。他一边弹奏，心里一边想着巍峨的高山，只听砍柴人说："宏伟雄壮，这可真是一座险峻的高山啊！"伯牙心里又想着潺潺的流水，砍柴人又说："绵延不绝，这真是一条清澈的河流啊！"

这下伯牙真是太激动啦！自己苦苦寻找了很久，都没有找到能听懂这首曲子的人，未曾想今天在这山林里偶然遇到的这位砍柴人却听懂了。这不就是他要找的知音吗？

伯牙赶紧问砍柴人的姓名，得知他叫钟子期。于是伯牙把子期请到船上，两人喝酒聊天，还结拜成了兄弟。伯牙想请子期和他一起回晋国去，可子期还有家人需要照顾，于是他们约好明年中秋节再见面。

到了第二年约定的时间，伯牙来到约定的地点，等了很久都没有见到子期，向人打听才知道，子期已经去世了。伯牙来到子期坟前，拿出古琴，弹奏起那首《高山流水》。

伯牙越弹越伤心。一曲弹完，伯牙满眼含泪，叹着气说："我连知音都没有了，还要这把琴有什么用！"于是伯牙举起琴，将它重重摔在旁边的青石台上，从此不再弹琴！

例句

🍵 如果离你而去，谁能再为我弹一曲，高山流水。（汪国真《高山流水》）

🍵 经过多年的勤学苦练，他弹奏出的乐曲如同高山流水般美妙。

成语个性

人们用"知音"来形容真正了解自己的人，"知音"的典故也是来源于这个故事。

刎颈之交
wěn jǐng zhī jiāo

汉·司马迁《史记·淮阴侯列传》:"始常山王、成安君为布衣时,相与为刎颈之交。"

释 刎颈:用刀割脖子。指可以同生死共患难的朋友。

近义 莫逆之交 生死之交 患难之交

反义 市道之交 狐朋狗友 酒肉朋友

战国末年,魏国人张耳和陈余是好朋友。陈余比张耳小很多,他一直把张耳当作父辈一样看待,无微不至地照顾他。两人发誓要同甘苦,共患难,为了朋友,哪怕是要割断脖子牺牲自己,也在所不惜。

后来,秦国灭掉了魏国,张耳和陈余被悬赏捉拿,他们俩就一起逃到了位于今天河南的陈地。秦朝末年,陈胜、吴广起义后,张耳带着陈余投奔了

陈胜手下的大将军武臣。后来，武臣自称赵王，张耳成了武臣的丞相，陈余成了大将军。武臣死后，张耳和陈余接管了他的部队，这样他们手中掌握的军事力量就更强大了。

可在接下来的巨鹿之战中，张耳和陈余之间的友谊却出现了裂痕。这是怎么回事呢？

当时张耳被秦军围困在巨鹿城中，眼看粮食吃完了，士兵也死伤严重，可陈余因为自己兵力不足，不敢带兵来救援。直到张耳派人去指责陈余，他才派出五千人增援，结果全军覆没。最后还是项羽带领楚军打败围困张耳的秦军，才解除了巨鹿之围。

之后，张耳见到陈余就是一顿臭骂。陈余很不服气，干脆把象征着兵权的大印解下来交给张耳。张耳嘴上说不要，可陈余刚上了个厕所回来，张耳就被旁人劝说着收下了大印。这不就意味着张耳收了陈余的兵权吗？这下张耳和陈余之间可就开始互相怨恨了。

项羽论功行赏时，给张耳封了王，却只给陈余封了侯。陈余一看，自己的地位竟然没有张耳高，肺都要气炸了。于是陈余带兵攻打张耳，张耳吓坏了，赶紧跑去投奔了汉王刘邦，陈余则去辅佐赵国的君主。张耳和陈余彻底反目。

后来汉王刘邦想让陈余帮忙攻打项羽，陈余便趁机要求汉王除掉张耳，以至于汉王不得不弄个死去的假张耳来糊弄陈余，陈余发现真相后又背弃了汉王。张耳呢，也一直想方设法要除掉陈余，后来他依靠刘邦的力量，在攻打赵国时将陈余杀死。

张耳和陈余这两个刎颈之交，就这样因为利益问题，变成了把对方置于死地的仇敌。真是太可悲啦！

17 关系和情义 / 友情·刎颈之交

🍂 例句

🍂 今在一处，结为刎颈之交，同心合意，生死相护。（明·无名氏《闹铜台》）

🍂 两个朋友彼此肝胆相照，结成了刎颈之交。

59

背水一战

bèi shuǐ yí zhàn

汉·司马迁《史记·淮阴侯列传》:"信乃使万人先行,出,背水陈,赵军望见而大笑。"

释 背水:背对着河流。背对着河流与敌人作战,没有退路。比喻决一死战。也指在绝境中做最后一次努力或拼搏。

近义 破釜沉舟 背城借一 决一死战　**反义** 坐以待毙 束手就擒 望风而逃

刘邦和项羽争夺天下的楚汉战争时期,陈余和张耳这对当年的刎颈之交,因为各自的利益变成了仇敌。后来张耳跑去投奔了汉王刘邦,陈余则控制了位于今天河北地区的赵国,名义上是帮助赵王,实际掌握了赵国的政治和军事大权。

这一年,刘邦派大将军韩信和张耳一起,带着几万军队攻打赵国。陈余赶紧集结了二十万兵力,打算在河北井陉(xíng)口这个地势狭窄的地方与韩信对决。

韩信的军队在离井陉口三十里的地方宿营,半夜里传令集合。韩信挑出两千名骑兵,让他们每人拿一面汉军的红色旗帜,悄悄骑马上山,潜伏在赵军大营附近观察赵军的动静,伺机而动。随后,韩信传令大军开饭,并对大家说:"等今天打败了

18 战争和灾难

战争·背水一战

赵军,再大摆宴席犒劳大家。"将士们虽然表面上应和着,其实没有一个人相信能打败赵军。

韩信先派出一万人从井陉口出来,来到河边,背对着河水摆开阵势。赵军一看,汉军背靠着河水布阵,连撤退的后路都没留,都哈哈大笑起来。等到天刚亮,韩信就带着剩下的军队,打着大将军的旗帜,摆开仪仗鼓吹,大吹大擂地从井陉口开出来。

陈余带领赵军倾巢出动。谁知双方打了一会儿之后,韩信和张耳就扔了旗帜、战鼓,带领军队掉头跑进河边的军阵里。赵军一边忙着夺取汉军大旗,一边追击韩信和张耳。汉军没有后路可退,只能拼死作战,个个英勇无比,以一当十。

这时,赵军的军营几乎成了一座空营,韩信之前派出的两千骑兵冲进赵军军营,拔下赵军的旗帜,竖起了汉军的旗帜。这下,形势马上发生了逆转。赵军见军营里竖起了汉军军旗,以为被打败了,彻底乱了套,开始各自逃命。韩信的军队前后配合,两面夹击,大败赵军,活捉了赵王,杀死了陈余。韩信背水一战,以少胜多,打了个漂亮的大胜仗。

例句

🌰 她想了想,觉得现在只有破釜沉舟背水一战了。(杨沫《青春之歌》)

🌰 这支球队终于进入了决赛,尽管对手实力强劲,也只能背水一战了!

破釜沉舟
pò fǔ chén zhōu

汉·司马迁《史记·项羽本纪》："项羽乃悉引兵渡河，皆沉船，破釜甑（zèng），烧庐舍，持三日粮，以示士卒必死，无一还心。"

释　釜：古代做饭用的锅。打破饭锅，凿沉船只。形容自断后路，下定决心要一拼到底，取得胜利。

近义　背水一战　背城借一　决一死战
反义　举棋不定　优柔寡断　瞻前顾后

秦朝末年，各路起义军纷纷起兵反秦。这一年，秦军大举进攻赵地，秦国大将章邯带领着秦军越战越勇，最后，赵军撤退到了河北巨鹿这个地方，秦军把巨鹿城里三层外三层地包围起来。章邯还做起了打持久战的准备，派人修路运送粮草，供给围城大军。

赵王赶紧派人去向其他起义军求援。于是各路起义军派出了救援部队，楚

王也派出了大将军宋义为主帅、项羽为副帅的大军。

可是，援救赵地的各路起义军队伍见秦军气势汹汹，吓得谁都不敢靠近。宋义是个非常胆小的人，他一见这阵势，就带着楚军在半路驻扎下来，一停就是一个多月。项羽见宋义每天在营帐里喝酒，看歌舞表演，根本没有要打仗的意思，就跑去和宋义理论。宋义却振振有词，声称这是要耗尽秦军的力气。项羽回去后越想越生气，第二天早上，干脆跑到宋义营帐里，拔出佩剑把宋义给杀了。这下项羽掌握了兵权，他带领着楚军赶紧去援救赵军。

项羽从小就喜欢研读兵法，对带兵打仗非常在行。考虑到秦军人数比自己多，为了让大家拼死作战，项羽给楚军将士们下令："大家把做饭用的锅都给砸了，每人只带够吃三天的口粮，这样我们就能走得更快，等我们打败了秦军，就用他们的锅做饭！"将士们一听，顿时士气大增。等到楚军坐船过了河，项羽又让将士们把乘坐的船只都凿沉了，连行军用的帐篷也烧掉了。

项羽破釜沉舟，断了楚军所有的退路。将士们心想，这场仗如果打不赢，那是必死无疑啦。于是楚军上了战场之后，每个人都奋勇杀敌。他们的呐喊声震耳欲聋，一个人能打退对方十个人，秦军被楚军杀得节节败退。

就这样，项羽带领着大家，先是把章邯运粮草的军队给截断，然后与包围在巨鹿城外的秦军接连战斗了九次，最终将秦军彻底打败。

经此一战，项羽威名远扬，各路起义军将领都来向他祝贺。这些将领一个个跪在地上，敬畏得根本不敢抬头看项羽。从这之后，项羽当上了起义军的大将军，各路起义军都接受了他的领导。

例句

🍃 聚才智之精神，枕戈待旦；合方州之物力，破釜沉舟。（明·史可法《请出师讨贼疏》）

🍃 既然我们已经下定破釜沉舟的决心，相信一定能取得这场比赛的胜利。

成语个性

成语"作壁上观"也来自这个故事。项羽率楚军和秦军大战时，其他各路起义军将领都不敢出战，只是站在自己的军营墙头观望。这个成语原指在营垒上看别人交战，后来比喻置身事外，坐观成败。

战争和灾难 战争·破釜沉舟

粉身碎骨

fěn shēn suì gǔ

唐·颜真卿《冯翊太守谢上表》："誓当粉骨碎身，少酬万一。"

释 身体碎成粉末。多指为了完成某种使命或达成某个目标而死去。

近义 赴汤蹈火　肝脑涂地　舍生取义

反义 贪生怕死　安然无恙　毫发无损

唐代官员颜真卿为人刚正不阿，多次因为得罪权贵被降职，并派到外地做官。但即便如此，他依然对朝廷忠心耿耿，对工作尽心尽力。有一次，他在被排挤出朝廷，就任冯翊太守时，给皇帝写信说："我一定会竭尽全力，继续为朝廷出力，哪怕是粉身碎骨，也要报答皇上对我的信任。"

安史之乱时，颜真卿被朝廷派去劝导反叛朝廷的淮西节度使李希烈。李希烈一见到颜真卿，就让人把他团团围住，想给他来个下马威。这些人在颜真卿面前挥舞着大刀，嘴里辱骂声不断，可颜真卿一点儿都不害怕。

后来，李希烈又派人给颜真卿传话说："我能把你生吞活剥了。不过如果你向我投降，也许我还可以考虑放你一条生路。"

颜真卿一听，愤怒地瞪着李希烈派来的人说："我想你们搞错了吧，我是朝廷派来劝说你们投降的。你们这群人，拿着国家发的俸禄，却不好好为国家做事。可惜我现在手里没有军队，要不然我就是死，也一定会讨伐你们。"

李希烈和他的部下见颜真卿不怕死，又拿高官厚禄来诱惑他，声称如果李希烈当上皇帝，颜真卿也能当大官。这让颜真卿更加愤怒了，他大骂道："安禄山发动叛乱，我的哥哥誓死抵抗。我现在都快八十了，太师这样的大官也当过，就算是死，我也要做一个正直的人。"

李希烈见颜真卿软硬都不吃，就把他抓了起来，然后让人在院子里挖了个大坑，喊道："把他给我活埋了。"颜真卿对着李希烈冷笑道："要杀就杀吧，何必来这一套！"李希烈转念一想，留着颜真卿也许还有用，就让人把他关了起来。

这之后李希烈打了很多败仗，眼看唐朝军队就要胜利了，李希烈又派人去劝颜真卿投降。他们在院子里堆起柴堆，威胁说："再不投降，就放火烧死你！"颜真卿坚定地回答："我什么都不怕，想让我投降？决不！"后来，李希烈派人把颜真卿给勒死了。

一身正气的颜真卿，最终也没有向李希烈妥协。唐朝上上下下，都为颜真卿宁可粉身碎骨，也要效忠国家的气节所震撼。

成语个性

颜真卿不仅是一位正直忠诚的官员，更是我国历史上著名的大书法家，和欧阳询、柳公权、赵孟頫（fǔ）并称为"楷书四大家"。他创造的"颜体"字，直到今天仍在被广大书法爱好者学习临摹。

例句

- 我真愿意使自己做一根木柴，燃烧得粉身碎骨，来给你们添一点温暖。（巴金《忆·我离了北平》）
- 战士们发誓，就算粉身碎骨，也要誓死保卫国家。

马革裹尸 mǎ gé guǒ shī

南朝宋·范晔《后汉书·马援传》:"男儿要当死于边野,以马革裹尸还葬耳,何能卧床上在儿女子手中邪?"

释 马革:马皮。裹:包起来。用马皮将尸体包裹起来。指军人在战场上战死。多用来形容军人为了国家,拥有自我牺牲的精神。

近义 赴汤蹈火 出生入死 **反义** 贪生怕死 临阵脱逃

东汉时期有位名震四方的伏波将军,名叫马援。他能征善战,不仅帮助汉光武帝刘秀建立了东汉王朝,还带兵将边疆地区的叛乱镇压下来。

马援因为立下赫赫战功,受到了刘秀的重重封赏。亲朋好友以及文人雅士们听说马援得胜还朝,都来到他位于洛阳的家中祝贺。马援对那些前来拍马屁的人很是瞧不起,倒是对一个叫孟冀的谋士比较看重。

可是孟冀与马援见面后,只是说了些表示祝贺的客套话。这下马援有点生气了,说:"我原本是想听先生给我出谋划策的,可您怎么也像其他人那样,只是说些官场上的空话呢?"

孟冀被马援这么一说,慌了神,竟然不知道该怎么回答了。马援接着说:"在汉武帝时期,也有一位伏波将军,叫路博德。他当时带兵为大汉王朝占领了七个郡,汉武帝赏赐给他的封地却不过百户。而我呢?虽然也被称为伏波将军,得到了皇帝三千户的封地,但功劳根本没有路将军大。我多希望先生能对我做些指教,告诉我该怎么做,才能对得起国家给我的这份重赏呢?"

孟冀被马援的精神所打动，诚恳地说："将军，我还没想到这一点啊。"马援于是继续说："现在我国北方，匈奴、乌桓等少数民族经常闹事，我打算继续上战场，带兵去为国家平定边疆。大丈夫就应该死在战场上，用马皮包裹着尸体，运回家安葬。怎么能心安理得地躺在床上，在儿女身边死去呢？"

马援实在是太令人敬佩了，孟冀由衷地赞叹道："将军啊，也只有像您这样的忠烈之士，才会这样做啊！"

这之后没多久，马援果然像他所说的那样，又向刘秀主动请求带兵讨伐匈奴和乌桓。直到六十二岁的时候，马援依旧向皇帝提出要带兵去平定南方武陵地区的暴动，为了让皇帝相信自己还能出战，还为他表演了精湛的骑术。

不过也就是在这次出征过程中，马援因为生病死在行军途中，虽然不是战死沙场，但也实现了他马革裹尸的愿望。

例句

青海、新疆神秘的古罗布泊是马革裹尸的战场。（杨振宁《邓稼先》）

战士们英勇作战，就算是马革裹尸，也要攻下这块阵地。

成语个性

和马援有关的成语还有"老当益壮""薏苡明珠""画虎类犬"等。

18 战争和灾难／英勇·马革裹尸

偃旗息鼓
yǎn qí xī gǔ

晋·陈寿《三国志·蜀书·赵云传》南朝宋·裴松之注引《赵云别传》:"云入营,更大开门,偃旗息鼓。公军疑云有伏兵,引去。"

释 偃:放倒。息:停息,休止。原指军队将大旗放倒,停止敲打战鼓,隐蔽行动,不暴露目标。后来多指军队停止战斗,或者是某项活动悄无声息就停止了。

近义 鸣金收兵 按兵束甲

反义 大张旗鼓 兴师动众

18 战争和灾难／休战·城下之盟

🔸 例句

🔹 在八国联军的刺刀下，奕劻和李鸿章"如一囚徒"或"受到礼遇的俘虏"，为明知不可争的城下之盟而勉强一争，其间酸苦唯其自知。（雪珥《国运1909》）

🔹 这个小国家受到大国经济方面的制约，不得不被迫签订城下之盟。

鹿死谁手

lù sǐ shuí shǒu

唐·房玄龄《晋书·石勒载记下》:"脱遇光武,当并驱于中原,未知鹿死谁手。"

18 战争和灾难／争斗·鹿死谁手

释 古代用追逐野鹿比喻争夺天下，指不知道政权会落在谁手中。后来也指在比赛中难以预料谁能最终取胜。

近义 逐鹿中原 龙争虎斗 一决雌雄

反义 携手并肩 齐心协力 同舟共济

东晋的时候，中华大地上出现了分裂的局面，北方的十六个国家与南方的东晋并存，在这十六个国家中，有一个叫作后赵的国家，是羯（jié）族人石勒（lè）建立的。

石勒原本是个奴隶，可他凭着自己杰出的军事才能和非凡的领导气魄，当上了后赵的开国皇帝。

有一次，高丽使者带着礼物出使后赵，石勒设宴款待。宴席上，喝得微微有点醉意的石勒突然来了兴致，他豪爽地将杯子里的酒一饮而尽，然后大声问他的大臣徐光："你来说说，历史上那么多皇帝，我能和哪一位相比呢？"

徐光心里明白，皇帝的提问一定要慎重作答，如果说得不合皇帝的心意，那是有杀头的危险的。于是徐光想了又想，把历史上的圣明君主在头脑中都过了一遍，然后说："如果论聪明才智，那么您比汉高祖刘邦还要强；如果论卓越的武功和能力，那么您比魏太祖曹操更厉害。臣以为，历史上的所有皇帝都没法跟您比，如果真的要比，那也就是最早的轩辕黄帝能排在您前边了吧。"

石勒听徐光这么说，马上就笑了。他心想，这徐光马屁拍得也太大了，况且还有高丽使者在，可不能让外国人笑话自己。于是石勒就说："徐光啊，我还是有自知之明的，你这话说得有点过了！汉高祖刘邦嘛，我可比不过，如果我遇到他，恐怕只能为他效命，做他麾下的一员大将，跟韩信、彭越等人倒还是可以争出个高低来。不过要是让我遇到汉光武帝刘秀，那我可就当仁不让了。我会和刘秀争霸中原，一较高下，最终鹿死谁手，还真说不准呢！"

在座的文武大臣以及高丽使者一听，石勒这番话说得既谦虚，又充满王者风范，不禁为他大声喝起彩来。

例句

🍀 二帝无道，现今被兀术掳去，天下无主，人民离乱，未知鹿死谁手。（清·钱彩《说岳全传》）

🍀 这场比赛的上半场结束了，究竟鹿死谁手，还是个未知数。

成语个性

这个成语现在主要用来强调比赛势均力敌，输赢未知。与它意思相近的"明争暗斗"，多用来形容竞争的激烈。

负隅顽抗
fù yú wán kàng

战国·孟轲《孟子·尽心下》:"有众逐虎,虎负嵎(yú),莫之敢撄(yīng)。"

释 负:凭借,依仗。嵎:山势弯曲处,指险要的地势。形容凭借险要地势,拼死抵抗。后来也指凭借某种独特的条件,固执地反抗。

近义 困兽犹斗 垂死挣扎 狗急跳墙 **反义** 束手就擒 引颈受戮 坐以待毙

孟子不仅是我国战国时期的大思想家,还是一位喜欢讲故事的老师。

有一次,齐国发生了天灾,很多老百姓都没有粮食吃了。孟子的学生陈臻(zhēn)听说后,想到老师曾规劝过齐王要施行仁政,但齐王并没有听从,就有点替老师担心,便赶紧去找孟子,对他说:"老师啊,齐国这次遇上天灾,您不会又要去劝齐王打开粮仓救济老百姓吧?您可千万别这样做啦!"

孟子无奈地叹了口气,对陈臻说:"我知道,我可不想成为冯妇。"

"老师,冯妇是谁呢?"陈臻问。

孟子说:"我给你讲个故事吧,讲完了故事,你就知道冯妇是谁啦。"于是孟子就讲了下面这个故事。

从前,晋国有位非常出色的猎手,他的名字叫冯妇。冯妇特别善于对付老虎,只是他太善良了,总觉得被打死的老虎实在可怜,就渐渐不去打虎了。人们因为冯妇不再打虎,都快把他给忘了。

有一次,附近山里不知从哪儿来了一只极其凶猛的老虎。这老虎接二连三伤人,几位年轻力壮的猎手打算联合起来打死这只老虎。老虎被猎手们追着跑进了深山,被逼到一处山角,已经无路可走了。它依靠极其险峻的地势,冲着猎手们又是瞪眼睛,又是怒吼,样子可怕极了。猎手们都被老虎的气势吓到了,谁也不敢再靠近它一步,更不用说去抓它了。

这时,冯妇刚好经过这里。猎手们一看,这不是善于打虎的冯妇吗?于是赶紧

18 战争和灾难 争斗·负隅顽抗

向冯妇求援。冯妇本性善良，尽管他不想再打虎，但看到这么多人都来求他，就心软了。于是冯妇撸起袖子，拉开架势，和老虎撕打起来。

冯妇不愧是最擅长打虎的猎手。没过多久，这只老虎便再也没有力量负隅顽抗了，被冯妇打倒在地。伤人的老虎终于被冯妇打死了，人们都非常感谢他。唯独那些读书人嘲笑冯妇没有坚持做真正的善人，而是跑去重操旧业，又打死了一只老虎。

孟子讲这个故事是想说，他不想像冯妇那样重操旧业，再去规劝齐王。因为孟子知道，就算自己再去劝说，齐王也不会听的。

例句

- 最后牛元峰逃到镇东头的小寨里，指挥着一个多营负隅顽抗，死不投降。（徐海东《奠基礼》）
- 就算敌人负隅顽抗，我们也要和他们血战到底。

成语个性

这个成语含贬义，多用来形容敌人、坏人或对手。成语"再作冯妇"也是来自这个故事，原指不再打虎的冯妇在人们的央求下，又打死了一只老虎，后用来比喻重操旧业。

困兽犹斗
kùn shòu yóu dòu

春秋·左丘明《左传·宣公十二年》:"困兽犹斗,况国相乎?"

释 困兽:被围困的野兽。犹:尚且,还。斗:抵抗,搏斗。凶猛的野兽被困住后还要拼死抵抗。多用来指人陷入绝境仍拼尽全力挣扎和反抗。

近义 负隅顽抗 垂死挣扎
反义 束手就擒 坐以待毙

春秋时期,楚国大举进攻郑国,晋国的国君晋景公派大将荀林父等人带兵赶去救援。可晋国的大队人马还没赶到,郑国就已经向楚军投降了。于是荀林父打算撤兵,副帅先縠(hú)却坚持要作战,结果被楚军打败。

晋景公听说晋军战败,气呼呼地站在朝堂之上,要严厉惩罚荀林父等人。荀林父并不是贪生怕死的人,他被带上来之后,跪在君主面前说:"我作为主帅,罪责难逃。请您赐我一死,让我以死谢罪吧!"

之前在军中耀武扬威主张作战的先縠,现在却在旁边吓得连半句话都不敢说了。要知道,正是因为先縠擅自作战,才导致晋军方寸大乱,他对这场失败负有不可推卸的责任。

可晋景公实在是气坏了,也没有多问,就喊来身旁的侍卫说:"把荀林父给我绑起来!"

这时,旁边的大臣士贞子冒着惹怒君主的危险站出来说:"主公,先别忙着绑荀林父,臣有话对您说。您还记得多年前晋国和楚国的那场城濮(pú)之战吗?"

晋景公不耐烦地说:"记得,那是三十多年前的事了。这跟杀荀林父有什么关系?"

士贞子说:"那时您的祖父晋文公大获全胜,我们的军队从楚国那里得到了武器、粮草等很多物资,大家都非常高兴,晋文公却面露愁容。有人就问,'我们打败了楚国,您怎么不高兴呢?'晋文公说,'因为楚国的宰相子玉还在!楚国虽然被我们打败了,但还是会做垂死挣扎。野兽被困住了还会拼死抵抗,更何况一个国家的宰相呢?我是担心他会带兵卷土重来。所以现在还不是我们庆祝的时候。'"

说到这里,士贞子悄悄看了一眼晋景公,发现他已经不那么生气了,于是继续说:"后来,楚王把子玉杀了,晋文公才真正高兴起来。您知道这是为什么吗?这是因为,楚王帮助晋国铲除了对我们构成威胁的贤才。"

听完士贞子的话,晋景公不仅消了气,还哈哈大笑起来,他说:"好啦,好啦,我明白啦,荀林父不能杀,不然我就成了给楚国铲除障碍的好帮手啦。"

就这样,士贞子救下了忠诚正直的晋国大将荀林父,为晋国留下了一个有用的人才。

🍫 例句

🌰 然恒州宿将尚多,追之则困兽犹斗,缓之必翻然改图。(五代后晋·刘昫《旧唐书·张孝忠传》)

🌰 这群劫匪困兽犹斗,警方出动了全部警力,才最终将他们制服。

成语个性

这个成语带有贬义色彩,主要用来形容那些败局已定的失败者仍在拼命挣扎。

以卵击石
yǐ luǎn jī shí

战国·墨翟《墨子·贵义》:"以其言非吾言者,是犹以卵投石也,尽天下之卵,其石犹是也,不可毁也。"

释 卵:鸡蛋。击:碰撞。用鸡蛋去碰石头。比喻做事完全不考虑自身实力,必遭失败。

近义 螳臂当车 蚍蜉撼树 自不量力

反义 避实就虚 扬长避短 自知之明

墨子名叫墨翟(dí),是战国时期著名的大思想家,他创立了墨家学派。

有一次,墨子在往北去齐国的路上,遇到了一个装神弄鬼吓唬人的算命先生。这位算命先生远远看见墨子后,就把他叫住了。算命先生仔细看了看墨子的脸,又掐着手指,很像那么回事儿似的算了算,突然惊呼道:"哎呀,不好啦,天帝在北方杀了黑龙,我看你肤色挺黑,又穿了一身黑衣,又是朝着北方走,你这趟出行恐怕凶多吉少啊!"

算命先生原本以为墨子听到这番话后,必定会追问他怎么回事。可没想到墨子根本不相信他说的这一套,直接回了他一句"胡说八道",然后就继续往前走了。

墨子走到淄河边时,发现河水湍急,一时没办法过河,就又折返回来,准备等水流缓和一些再过。

那位算命先生见墨子回来了,得意地笑着说:"你看我说的话应验了吧?如果你

18 战争和灾难 争斗·以卵击石

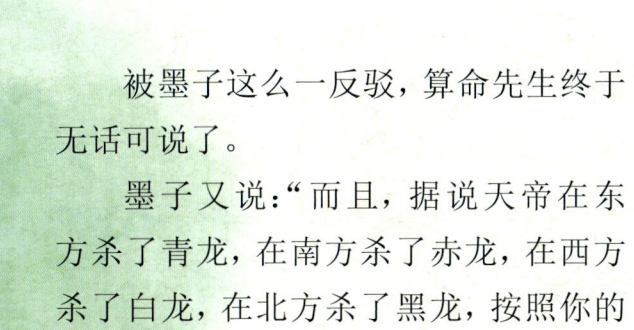

被墨子这么一反驳，算命先生终于无话可说了。

墨子又说："而且，据说天帝在东方杀了青龙，在南方杀了赤龙，在西方杀了白龙，在北方杀了黑龙，按照你的说法，那全天下的人就哪儿也不能去了吧？你这个人啊，说的都是迷信的那一套，我相信的却是真理。用你的迷信言论来攻击我说的真理，就像是用鸡蛋去砸石头，就算你把天下的鸡蛋都扔光了，我的石头还是石头，根本不会有丝毫损伤！"

随后，墨子发现能过河了，便在算命先生尴尬的目光中继续往北方去了。

还不相信，一定会遇到更大的灾难！我劝你还是别往北方去了，赶紧回去吧！"

墨子越听越生气，说："想要过淄河的人，有从南往北走的，也有从北往南走的，每个人的肤色也有黑有白。如果真是你所说的原因，那为什么现在所有人都过不了河呢？"

例句

● 强欲与争，正如以卵击石，安得不败乎？（明·罗贯中《三国演义》）

● 敌人想要与我军抗衡，根本就是自不量力，以卵击石。

成语个性

这个成语由"以卵投石"演变而来，是一个贬义成语。

螳臂当车
táng bì dāng chē

战国·庄周《庄子·人间世》："汝不知夫螳螂乎？怒其臂以当车辙，不知其不胜任也。"

释 当：阻拦，挡住。螳螂伸出前臂想要阻拦前进中的车子。比喻高估了自己的能力，妄图去做办不到的事。

近义 以卵击石　自不量力

反义 量力而行　泰山压卵

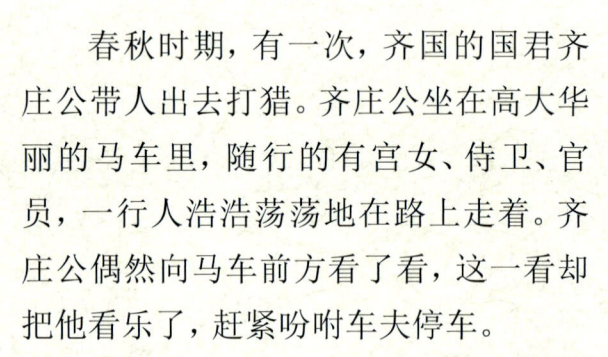

春秋时期，有一次，齐国的国君齐庄公带人出去打猎。齐庄公坐在高大华丽的马车里，随行的有宫女、侍卫、官员，一行人浩浩荡荡地在路上走着。齐庄公偶然向马车前方看了看，这一看却把他看乐了，赶紧吩咐车夫停车。

只见马车车轮的前方有只绿色的昆虫，正高高举起它那细长的双臂，像是要和车轮搏斗，阻挡车轮前进。

齐庄公觉得这虫子还真是挺有意思，便笑着问车夫："这是什么虫子？"

车夫说："这是螳螂。这种虫子的性情很古怪，它只知道前进，从来不后退。而且啊，它对自己有多大的力量从来没有自知之明，遇到敌人，即便是对方比自己高大很多，也要举起前臂，摆出准备迎战的架势。您说这螳螂可笑不可笑？"

齐庄公听后，忍不住赞叹道："不不不，这螳螂其实很勇敢。如果它是一个人，必定是个勇武过人、天下无双的大英雄啊！"说完，齐庄公就让车夫驾着马车绕过螳螂，千万不要伤害这只勇敢的小昆虫。

后来，齐庄公遇到螳臂当车的故事传遍了全天下。大家觉得，齐庄公对勇敢的螳螂都这么爱惜，更何况是真正智勇双全的人呢！于是很多英雄豪杰都跑去投奔齐庄公，争相为齐国效力。

例句

🍂 他既要来螳臂当车，我何妨去全狮搏兔，给他一个下马威。（清·曾朴《孽海花》）

🍂 对手实在太强大了，我们现在出去和他们对决，无异于螳臂当车！

18 战争和灾难

争斗·螳臂当车

成语个性

注意,"当"不要读成 dǎng,不过这个成语也可以写作"螳臂挡车"。这是一个贬义成语,形容那些没有自知之明,做事自不量力的人,不能用来形容勇敢的人。本成语故事出自西汉刘向的《淮南子·人间训》。

城门失火，殃及池鱼

汉·应劭（shào）《风俗通义·佚（yì）文·辨惑》："城门失火，祸及池中鱼。"

18 战争和灾难 / 灾祸·城门失火，殃及池鱼

释 殃：灾祸。及：涉及，牵连。池：护城河。比喻无故被牵连而遭受灾祸或损失。

近义 池鱼之殃

反义 一人得道，鸡犬升天

战国时期，楚宣王邀请各国诸侯来楚国相见。当时的楚国非常强大，所以不少小国的君主都非常畏惧，战战兢兢地带着美酒和礼物，早早就赶到了。

可是鲁国的君主鲁恭公却没把楚国放在眼里，他不仅来晚了，带来的酒也不好喝。楚宣王喝了一口他带来的酒后，就生气地责备道："你这酒的味道也太淡了，不会是兑过水的吧？"

在座的其他诸侯都吓得不敢吭声，鲁恭公却撇了撇嘴，傲慢地说："你要搞清楚，我是周朝王室的后裔，我一个有着王室血统的国君，千里迢迢带着美酒而来，已经够给你面子的啦。按照礼仪传统，这本不该是我这样身份的人做的事情。现在你还厚着脸皮指责我，说我的酒不好喝，你这样做也太过分了吧！"说完，鲁恭公干脆带着他的大队人马，连招呼都没跟楚宣王打，就回鲁国去了。

这下鲁国彻底把楚国得罪了。楚宣王一怒之下，联合齐国组成了一支庞大的军队，雄赳赳气昂昂地向鲁国挺进。鲁恭公这边也不含糊，加紧训练兵马，摩拳擦掌，准备迎战。

按理说，楚国和鲁国打仗，本来跟赵国没什么关系。可是魏国的梁惠王知道后，就跟赵国扯上关系啦。为什么呢？因为梁惠王早就想攻打赵国了，只是一直没找到机会，他担心与赵国开战，楚国会出兵援助赵国。可现在情况就不一样啦，楚国正向鲁国用兵呢，根本顾不上管赵国的事情。于是梁惠王就派出军队，把赵国的都城邯郸围了个水泄不通。

这就像是一个城门着火了，大家都跑去旁边的护城河里取水救火。由于火势太大，护城河里的水都被取完了，河里的鱼就遭了殃，全部死掉了。

这赵国就像那些死去的鱼儿，因为楚国忙于和鲁国交战而失去了外援，于是城门失火，殃及池鱼，导致都城邯郸被围。实在是太无辜了！

例句

● 你们这件事闹翻了，他们穷了，又是终年的闹饥荒，连我养老的几吊棺材本，只怕从此拉倒了，这才是"城门失火，殃及池鱼"呢！（清·吴趼人《二十年目睹之怪现状》）

● 这两个人在街上发生争执，却城门失火，殃及池鱼，误伤了旁边卖东西的老婆婆。

怀璧其罪
huái bì qí zuì

春秋·左丘明《左传·桓公十年》:"匹夫无罪,怀璧其罪。"

释 怀:怀里揣着,藏有。璧:一种玉器。在怀里藏着玉璧,因而招来祸患。指拥有很多钱财会招来灾祸。也比喻因有才能而遭人嫉妒陷害。

近义 象齿焚身 甘井先竭 膏火自煎

春秋时期,虞国的君主虞公姓姬,和周天子一个姓,是周王朝的王室后裔。

按理讲,虞公作为王室后裔,又是一国之君,什么宝贝没见过呢?可虞公这个人却非常贪婪,他贪婪的欲望就像一块吸水后不断膨胀的海绵,越是满足,他的贪欲就变得越大。虞公的弟弟虞叔,就曾经深深领教过虞公的贪婪。

有一次,虞叔得到了一块珍贵的宝玉。虞公知道后,就把虞叔叫来说:"这么好的宝贝,你难道没想过要送人吗?"

虞叔其实听出来了,虞公话里的意思就是想把他这块玉要去。不过虞叔有点舍不得,毕竟自己费了

18 战争和灾难

灾祸·怀璧其罪

好大劲儿才得到这块宝玉,于是他装作没听懂虞公的意思,没有接这个话茬。

可是回到家之后,虞叔捧着宝玉看了又看,越看心里越不安。他对身边的人说:"有句俗话说,'一个普普通通的人,本来没有什么罪过,可怀里揣着一块宝玉,这可就有罪了。'我现在的情况不就是这样吗?恐怕这块宝玉会给我招来灾祸。"

意识到了问题的严重性,虞叔马上捧着宝玉,去恭恭敬敬地献给了虞公。这下可把虞公高兴坏了,虞叔也终于松了一口气。

虞叔想,自己已经献出了宝玉,这下应该可以安安稳稳地过日子了吧。谁知没过多久,贪婪的虞公又听说虞叔有一把宝剑,就派人来向虞叔传话,意思是还想将那把宝剑也要了去。虞叔气得在背后大骂:"这可真是贪婪到了无法满足的地步啊!还有完没完?要是再这样下去,我恐怕连性命都保不住了!"

虞叔和他的亲信们一商量,决定还是先发制人,起兵攻打虞公。虞公被虞叔打得大败,狼狈地逃出了虞国。

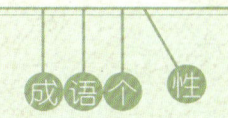

成语个性

成语"象齿焚身"原本指大象因为长有珍贵的牙齿而招来杀身之祸,比喻人因财多招致祸患,和"怀璧其罪"的意思很相近。这两个成语都出自《左传》。

🍫 例句

🍃 修贡之余远分寄,怀璧其罪渠敢当。(宋·张扩《谢人惠团茶》)

🍃 他才华卓著,没想到怀璧其罪,一直受到同行的排挤和攻击。

覆巢之下无完卵
fù cháo zhī xià wú wán luǎn

南朝宋·刘义庆《世说新语·言语》:"大人岂见覆巢之下,复有完卵乎?"

释 覆:翻倒,倾覆。完:完整。卵:鸟蛋。翻倒的鸟巢里不会有完好无损的鸟蛋。比喻整体覆灭,个体也不能幸免。

孔融是我国东汉末年著名的文学家,他四岁时让梨的故事至今家喻户晓。孔融的性格刚正直率,他后来因为看不惯丞相曹操的所作所为,多次出言不逊,最终被曹操抓起来了。

得知孔融被抓,文武百官既震惊又害怕,生怕自己受到牵连,也没人敢站出来为孔融说句公道话。倒是孔融显得极其从容淡定,因为他对曹操的奸诈和狡猾早就心知肚明,也预料到自己会有这么一天,只是看到家中那两个可爱的儿子,孔融未免有些心疼。

孔融的大儿子当时只有九岁,二儿子只有八岁。曹操派来的人闯进孔融家中抓他时,这两个孩子正在旁边嬉戏玩耍,看上去和平时一样,没有任何惊慌害怕的样子,好像根本不知道他们的父亲将要面临杀身之祸。

孩子是无辜的啊！于是孔融对前来抓他的人说："犯罪的人是我，与我的两个儿子没有任何关系，你们能不能网开一面，不杀我这两个孩子啊？"

抓孔融的人还没有回答，孔融的一个儿子就说话了。这孩子恭恭敬敬地说："父亲大人啊，难道您看到过翻倒的鸟巢里，还有完好无损的鸟蛋吗？"这话的意思就是，曹操这次必定要对他们孔家满门抄斩，绝对不可能留下两个孩子成为后患。

听了儿子的话，孔融长长地叹了口气，感叹自己的孩子年龄虽小，却已经懂得了"覆巢之下无完卵"的道理。他只好无奈地擦干眼泪，跟儿子们先行告别了。

果然，没过多久，抓走孔融的人又回来把他的两个儿子也抓走了。孔融全家就这样被曹操全都杀死了，没有一个人幸存下来。

成语个性

实际使用中也常写作"覆巢之下，岂有完卵"。本成语故事还有其他版本。在《后汉书·孔融传》中，记载的则是孔融有一个七岁的女儿和一个九岁的儿子。曹操原本因为这两个孩子年幼，没有杀他们，可是听说孔融七岁的女儿说出了"安有巢毁而卵不破乎"的话，最终动了杀念。

18 战争和灾难 / 灾祸·覆巢之下无完卵

例句

- 今以覆巢之下无完卵，故决机矢命，图全天下而后自全。（明·茅元仪《报薛中玄阳武书》）
- 覆巢之下无完卵，如果工厂倒闭了，工人们也都会面临失业的威胁。

欲加之罪，何患无辞

春秋·左丘明《左传·僖公十年》："欲加之罪，其无辞乎？臣闻命矣。"

释 患：担心，忧虑。辞：说辞，理由，借口。指想要去陷害别人，即使对方没有做什么错事，也可以编造出罪名来。

近义 含血喷人 造谣生事　　**反义** 凿凿有据 铁证如山

18 战争和灾难 / 灾祸·欲加之罪，何患无辞

晋国君主晋献公手下有位能干的大将叫里克。他能征善战，帮助晋献公讨伐虢（guó）国、虞国，还将西北地区喜欢惹是生非的少数民族狄人打败。可是在君主继承人的问题上，里克却没有站在晋献公那边。里克坚定地支持太子申生，晋献公却想让他另外两个儿子奚（xī）齐或者卓子当继承人，因为这两个儿子的母亲是晋献公非常宠爱的骊（lí）姬姐妹。

后来晋献公去世了，大臣荀息原本打算按照晋献公的遗愿，拥立骊姬的儿子奚齐为君主。可是里克联合其他贵族势力带兵反叛，派人在晋献公的灵柩前杀死了奚齐，后来又把卓子也杀了。荀息也气得自杀了。

这下里克掌握了晋国的军政大权。他找到晋献公的另一个儿子夷吾，拥立夷吾为晋国君主，也就是晋惠公。晋惠公曾向里克许下诺言，说："我当上晋国君主后，您就是我的相国啦，作为感谢，我要封给您一百万亩的土地。"

可晋惠公继位后就变卦了，不仅没有给里克封地，每次见到里克，都会想起他杀了自己弟弟的事情。他想，这里克敢杀我的弟弟，还把荀息给逼死了，搞不好哪天看我不顺眼，也会把我这一国之君给杀了。

晋惠公越想越不安，就想先下手为强，除掉里克。他派人带领兵马，把里克家团团包围，抓住了里克。晋惠公还装作很无奈的样子，派人去告诉里克："主公说了，是您拥立他为君主的。可是您杀死了主公的两个弟弟，还把荀息也逼死了。主公觉得，在这种情况下，做您的君主实在是件难上加难的事情啊！"

晋惠公虽然说得头头是道，但里克觉得他太虚伪了，大声说道："主公说的这是什么话？要是我不杀了奚齐和卓子，您今天能当上晋国君主吗？想要加个罪名在我头上，还愁找不到说辞吗？唉，我这个当臣子的已经明白您的心意，也只好认命啦。"

里克说完这番话后，就拔出剑自杀了。

例句

把学习文化和"死啃书本"混为一谈，也是一种诡辩，真是"欲加之罪，何患无辞"！（郭小川《学习笔记》）

欲加之罪，何患无辞，朋友平白无故遭受这样的冤屈，令他忍无可忍，最终决定站出来说句公道话。

成语个性

也可写作"欲加之罪，何患无词"。

17 关系和情义

附录 分类成语

待客

门无杂宾
宾至如归（4）
宾客盈门
宾朋满堂
倒屣相迎

斗酒只鸡
截发留宾
虚左以待（6）

扫榻以待
悬榻留宾
盛情难却
送往迎来

迎来送往
东道主人
不速之客
下逐客令

待人

善气迎人
与人为善
待人接物
以礼相待
满腔热忱
宽以待人
热情洋溢
推己及人（8）
古道热肠
佛眼相看
将心比心
假以辞色
设身处地
好心好意
易地而处
善解人意
以己度人

解衣推食（10）
体贴入微
无微不至
嘘寒问暖
问寒问暖
知冷知热
敬老怜贫
敬老尊贤
惜老怜贫

怜香惜玉
敬若神明
敬贤礼士
礼贤下士
折节下士
降贵纡尊
屈高就下
嫉贤妒能
妒贤嫉能
羞与为伍

文人相轻
因人而异
厚此薄彼

推心置腹（12）
诚心诚意
真心实意
真心诚意
真情实意

情真意切
拳拳之心
肝胆相照
肝胆照人
开诚布公
开诚相见

礼节

千里鹅毛（14）
借花献佛
聊表寸心
礼轻情意重

礼尚往来
私相授受
桃来李答
投木报琼

投桃报李
公诸同好
来者不拒
却之不恭

敬谢不敏
久假不归
授受不亲
昏定晨省

晨昏定省
繁文缛节
三熏三沐
顶礼膜拜

密切

耳鬓厮磨
蜜里调油
寸步不离
唇亡齿寒（16）
如胶似漆
唇齿相依
如影随形
祸福相倚
形影相随
千丝万缕
形影不离
相亲相爱
骨肉相连
亲密无间
血肉相连

藕断丝连
十指连心
牵一发而动全身
水乳交融
鱼水之情
水能载舟，亦能覆舟
载舟覆舟

相依为命
休戚相关
休戚与共
痛痒相关
息息相关
如左右手
左辅右弼
左膀右臂
腹心股肱

心膂股肱
同生共死
誓同生死
生死与共
患难与共
同甘共苦
有难同当
难兄难弟
李代桃僵

打成一片
周而不比
明来暗去
明来暗往
对床夜雨
夜雨对床
促膝谈心
抵足而眠

104

17 关系和情义

附录 分类成语

疏远
白头如新（18） 退避三舍（20） 若即若离 视同陌路 转弯抹角
疏不间亲 敬而远之 不即不离 形同陌路 世态炎凉 拐弯抹角
　　　　　　　　　　　　视若路人 半生不熟

陌生
素不相识
素昧平生

隔绝
侯门似海 水米无交 渺无音信 雁杳鱼沉
离群索居（22） 不通水火 渺无音讯 泥牛入海
闭门却扫 　　　　 壁垒森严 杳无音信 咫尺千里
杜门却扫 息交绝游 不可逾越 鱼沉雁杳 咫尺天涯

情谊
情深义重 不解之缘 千里犹面（24） 含情脉脉 一相情愿
　　　　 情同骨肉 难解难分 　　　　　 一往情深 自作多情
深情厚谊 情同手足 难分难解 顺水人情 一厢情愿（26）
情深似海 亲如手足 天涯比邻 温情脉脉

投合
同气相求 把臂入林 莫逆于心 倾盖如故 针芥相投
　　　　 同类相求 呼朋引类 相得甚欢 一拍即合 情投意合
酒逢知己 同声相应 如鱼得水 心心相印 义气相投 不谋而合
青梅竹马 同心同德 如虎添翼 息息相通 意气相投 不约而同
两小无猜 志同道合 相见恨晚（30） 心有灵犀 气味相投 正中下怀
两相情愿 物以类聚， 　　　　　 一点灵犀 臭味相投（32）
两厢情愿 人以群分（28） 相知恨晚 心照不宣
声气相求 　　　　　 相视莫逆 一见如故 胶漆相投

同情
同病相怜（34） 惺惺相惜 物伤其类
　　　　　　 兔死狐悲 恻隐之心

团结
携手并肩 风雨同舟 勠力同心（36） 二人同心， 上下同心
同舟共济 和衷共济 　　　　　　 其利断金 同心协力

105

17 关系和情义

团结
齐心协力
四海之内皆兄弟
众川赴海　浑然一体　铁板一块　群策群力　集思广益
众擎易举　万众一心　同仇敌忾　众志成城（38）
铜墙铁壁　铁壁铜墙　地利人和　得道多助　与民同乐
笼络人心　拉拉扯扯　穿针引线　牵线搭桥　攻守同盟
歃血为盟

合作
齐头并进　通力合作
互通有无　互为表里
求同存异　取长补短
里应外合　各取所需

关系
相反相成　相辅相成
相生相克　相得益彰
遥相呼应　一唱一和
珠联璧合

互助
相濡以沫（40）
远亲不如近邻
守望相助　左提右挈
缓急相济

依附
寄人篱下　倚门傍户
求亲靠友　穷鸟入怀

服从
言听计从
马首是瞻（42）　唯命是从
惟命是从　低首下心　拱手听命
北面称臣　舍己从人　受制于人
俯仰由人　呼之即来，挥之即去
招之即来　百依百顺

追随
鞍前马后　执鞭随镫
两肋插刀　肝脑涂地
出生入死　万死不辞
亦步亦趋

响应
闻风而起　望风响应
一呼百应　一倡百和
一唱百和　景从云集

分裂
各自为政（44）　各行其是　各为其主
四分五裂　分崩离析
人心涣散　离心离德
一盘散沙

17 关系和情义

附录 分类成语

离弃
	众叛亲离（46）	水至清则无鱼	舟中敌国（48）	掉臂不顾 水尽鹅飞	弃若敝屣 扫地出门
失道寡助	不得人心	水清无鱼	不辞而别	弃如敝屣	

对立
	针锋相对 三足鼎立	圆凿方枘 格格不入	薰莸不同器	不相为谋 老死不相往来	两败俱伤 同归于尽
不共戴天	三分鼎足	积不相能	冰炭不相容	以邻为壑（50）	鱼死网破
势不两立	鼎足而立	素不相能	冰炭不同炉		玉石俱焚
势同水火	鼎足之势	水火不相容	道不同，不相为谋	党同伐异	芝艾俱焚
判若水火	相持不下	水火不容		诛锄异己	兰艾同焚
视如寇仇	冤家路窄	薰莸异器		对簿公堂	犬兔俱毙
誓不两立	方枘圆凿				

绝交
	一刀两断 割袍断义	割席分坐 管宁割席	恩断义绝 反目成仇	

和解
	化干戈为玉帛	尽释前嫌 捐弃前嫌	握手言和 握手言欢	重修旧好
涣然冰释	不念旧恶	善罢甘休	言归于好	

聚集
	拉帮结伙 拉帮结派	三五成群 成群结队	闻风而至 啸聚山林	蚁聚蜂屯 云合雾集
乌合之众	三三两两	四方辐辏	猥结蚁聚	

混杂
	清浊同流 薰莸同器	良莠不齐 龙蛇混杂	鱼龙混杂 泥沙俱下	五方杂处

分离
	分道扬镳（52）	貌合神离 同床异梦	伯劳飞燕 天各一方	天南海北 地角天涯	天涯海角 海角天涯
背道而驰	各奔前程	劳燕分飞	天南地北	天涯地角	

17 关系和情义

分离 如鸟兽散	作鸟兽散 鸟惊鱼散 一哄而散	曲终人散 风流云散 瓦解云散	不欢而散 渐行渐远 扬长而去	恋恋不舍 依依不舍 依依惜别	难舍难分 难分难舍 生离死别
相聚	陌路相逢 萍水相逢	不期而遇 邂逅相遇	班荆道故 久别重逢	骨肉团圆 后会有期	剪烛西窗
恩情 一饭千金 （54） 恩同再造	恩重如山 恩深义重 再生父母 重生父母	再造之恩 知遇之恩 结草衔环 黄雀衔环 再生之德	知恩图报 感恩图报 感恩戴德 感激涕零 千恩万谢 犬马相报	饮水思源 恩将仇报 背恩忘义 背义忘恩	忘恩负义
恩怨	丝恩发怨 以德报怨	以直报怨 以怨报德	**无情**	无情无义 绝情寡义	六亲不认
友情 高山流水 （56） 伯牙绝弦	管鲍之交 竹马之交 总角之好 总角之交 忘年之交	患难之交 生死之交 刎颈之交 （58） 莫逆之交	金石之交 贫贱之交 布衣之交 杵臼之交 乘车戴笠	八拜之交 金兰之契 同袍同泽 白首同归 以文会友	不打 不成相识
交情 称兄道弟	市道之交 （60） 泛泛之交	君子之交 半面之交 一面之交	一日之雅 通家之好 和而不同	群而不党 一团和气 相安无事	
亲朋	至亲好友 三亲六眷	沾亲带故 三朋四友	良师益友 诗朋酒友	狐朋狗友 酒肉朋友	
相似	别无二致 毫无二致	如出一辙 一模一样	大同小异 相差无几	无独有偶 诸如此类	

17 关系和情义

附录 分类成语

| 相当 | 不分轩轾
不相上下
半斤八两 | 势均力敌
工力悉敌
伯仲之间 | 平分秋色
平起平坐
分庭抗礼 | 棋逢敌手
旗鼓相当
棋逢对手 | 望其项背
相去无几
并驾齐驱 | 相去无几
相去咫尺 |

| 差距 | 可望
不可即
望尘莫及
瞠乎其后 | 可望
而不可即 | 不可企及
跬步千里
小巫
见大巫 | 道高一尺，
魔高一丈
十万
八千里 | 天外有天
自愧不如
自叹不如
黯然失色 | 相形见绌
相形失色
甘拜下风
甘居人后 |

| 悬殊 | 是非分明
一薰一莸
迥然不同
截然不同
黑白分明
泾渭分明 | 判若云泥
千差万别
大相径庭
判若鸿沟
判若天渊
判若霄壤 | 天悬地隔
天上人间
天差地远
天壤之别
霄壤之别
天渊之别 | 不可
同日而语
云泥异路
云泥之别
相去甚远
相去天渊 | 泰山鸿毛
泰山压卵
排山压卵
螳臂当车 | 以卵击石
彼竭我盈
彼众我寡
众寡悬殊 |

| 因果 | 白眉赤眼
无源之水，
无本之木
无缘无故
平白无故 | 始末原由
前因后果
来龙去脉
事出有因 | 归根结蒂
归根结柢
归根到底
归根结底 | 因果报应
冰冻三尺，
非一日之寒
现世现报 | 种瓜得瓜，
种豆得豆 |

18 战争和灾难

附录 分类成语

备战
招兵买马
整军经武

缮甲治兵
厉兵秣马（62）
坚壁清野

被坚执锐
披坚执锐
擐甲挥戈
荷枪实弹

盘马弯弓
按兵不动
严阵以待
养精蓄锐

枕戈待旦
枕戈寝甲
养兵千日，
用兵一时

重整旗鼓

防守

深沟高垒
高城深池

坚城深池
金城汤池

固若金汤
坚不可摧

壁垒森严
戒备森严

密不通风
风雨不透

战争
师出无名
不宣而战
师直为壮
吊民伐罪
奉辞伐罪
揭竿而起
渔阳鼙鼓
狼烟四起

兵临城下
兵戎相见
大动干戈
穷兵黩武
调兵遣将
排兵布阵
行兵布阵
掎角之势
先发制人（64）

先声夺人
先下手为强
突然袭击
灭此朝食
兵贵神速
戎马倥偬
南征北战
转战千里
异军突起

孤军奋战
孤军深入
迎头痛击
短兵相接
赤壁鏖兵
金鼓齐鸣
真枪实弹
枪林弹雨
炮火连天
战火纷飞

烽火连天
血流成河
血流漂杵
背水一战（66）
破釜沉舟（68）
背城借一
背城一战
决一死战

速战速决
直捣黄龙
犁庭扫闾
穷寇勿追
追奔逐北
追亡逐北
乘胜逐北
自毁长城
贻误军机
号令如山

军队
兵多将广
兵强马壮

投鞭断流
兵精粮足
坚甲利兵
金戈铁马

哀兵必胜
千军万马
旌旗蔽日
万里长城

仁义之师
匕鬯不惊
鸡犬不惊
秋毫无犯

纤毫无犯
箪食壶浆
瓦合之卒
老弱残兵

残兵败将
散兵游勇

英勇
骁勇善战
如狼似虎
锐不可当

勇不可当
勇冠三军
勇猛果敢
战不旋踵
有勇无谋

赤膊上阵
冲锋陷阵
浴血奋战
一马当先
横戈跃马

纵横驰骋
以一当十
万夫莫当
万夫不当
斩将搴旗

杀敌致果
亲当矢石
身先士卒
出生入死
舍生忘死

粉身碎骨（70）
马革裹尸（72）

胜利

用兵如神
料敌制胜

所向披靡（74）

所向无敌
所向无前

天下无敌
纵横天下

横行天下
横扫千军

110

18 战争和灾难

附录 分类成语

攻城略地　风卷残云　长驱直入　百战百胜　旗开得胜　痛饮黄龙
攻城掠地　高屋建瓴　立于不败之地　百战不殆　克敌制胜
摧锋陷阵　势如破竹　　　　　　无往不胜　大获全胜
摧坚陷阵　如入无人之境　攻无不克　兵不血刃　反败为胜
摧枯拉朽　　　　　　　战无不胜　传檄而定　转败为胜

失败

溃不成军　折戟沉沙　全军覆没　两败俱伤（76）　名落孙山（78）
人仰马翻　铩羽而归　只轮不反
骄兵必败　从风而靡　一败如水　束身就缚　败军之将
不堪一击　望风而降　一败涂地　束手待毙　南风不竞
一触即溃　寡不敌众　落花流水　束手就擒　一着不慎，满盘皆输
败不旋踵　损兵折将　片甲不留　引颈受戮

逃跑

如鸟兽散（80）　鱼溃鸟散　丢盔弃甲　逃之夭夭　望风而逃
　　　　　　　狐奔鼠窜　辙乱旗靡　望风而靡　望风而遁
作鸟兽散　瓦解云散　抱头鼠窜　落荒而逃　望风披靡　闻风而逃

脱险

劫后余生　万死一生　转危为安　全须全尾
死里逃生　天不绝人　安然无恙
虎口余生　九死一生　幸免于难　毫发无损

报仇

报仇雪耻　以眼还眼，以牙还牙　以血洗血
报仇雪恨　　　　　　　　　　　冤冤相报

休战

按兵束甲　偃旗息鼓（82）　城下之盟（84）　止戈为武
鸣金收兵

争斗

鹿死谁手（86）

寸土必争　明争暗斗　狭路相逢　难解难分　生拉硬扯
两虎相斗　钩心斗角　你死我活　难分难解　拳打脚踢
龙争虎斗　勾心斗角　一决雌雄　不可开交　物竞天择
刀光剑影　争风吃醋　决一雌雄　横拖倒拽　优胜劣败
逐鹿中原　明枪暗箭　蜗角之争　反戈一击　生拉硬拽　优胜劣汰

111

18 战争和灾难
附录 分类成语

争斗
	略胜一筹	略逊一筹	困兽犹斗（90）	以卵击石（92）	泰山压卵
	稍胜一筹	负隅顽抗（88）			螳臂当车（94）
邪不压正	稍逊一筹		垂死挣扎	排山压卵	

灾祸
	水火刀兵	满目疮痍	丧权辱国	大祸临头	直木必伐
	水火无情	目不忍睹	多难兴邦	祸福无门	欲加之罪，何患无辞（102）
旱魃为虐	天有不测风云	惨不忍睹		前门拒虎，后门进狼	
赤地千里		惨绝人寰	天灾人祸	避坑落井	乐极生悲
寸草不生		伤心惨目	三灾八难		晴天霹雳
青黄不接	天有不测风云，人有旦夕祸福	天愁地惨	三长两短	城门失火，殃及池鱼（96）	五雷轰顶
泛滥成灾		愁云惨雾	多灾多难		死于非命
洪水猛兽		兵荒马乱	无妄之灾		血肉横飞
凶年饥岁	以暴易暴	兵连祸结	血光之灾	池鱼之殃	在劫难逃
地动山摇	焚书坑儒	暗无天日	灭顶之灾	池鱼之祸	直言贾祸
山摇地动	民不堪命	不见天日	弥天大祸	怀璧其罪（98）	招灾惹祸
山崩地裂	民不聊生	饿殍遍野	滔天大祸		贻害无穷
地裂山崩	民生凋敝	哀鸿遍野	泼天大祸	覆巢之下，岂有完卵	贻患无穷
天崩地裂	生灵涂炭	尸横遍野	祸不单行		后患无穷
天崩地坼	卖儿鬻女	十室九空	福无双至，祸不单行	覆巢之下无完卵（100）	滋蔓难图
天摧地塌	析骸易子	家破人亡			
天塌地陷	易子而食	国破家亡	祸不旋踵		
片瓦不存	百孔千疮	背井离乡	祸从天降	象齿焚身	
片瓦无存	千疮百孔	流离失所	飞来横祸	甘井先竭	

内患
	庆父不死，鲁难未已	心腹之患	煮豆燃萁	自相惊扰
		物腐虫生	相煎何急	自相水火
变生肘腋	同室操戈	兄弟阋墙	自相残害	自相鱼肉
祸起萧墙	心腹大患	骨肉相残	自相残杀	

囚犯
	南冠楚囚	身陷囹圄
	披枷带锁	

18 战争和灾难
附录 分类成语

冤屈　不白之冤　六月飞霜　衔冤负屈　屈打成招
　　　　覆盆之冤　薏苡明珠　鸣冤叫屈

图书在版编目（CIP）数据

把成语用起来：一读就会用的分类成语故事．九，关系和情义　战争和灾难 / 歪歪兔童书馆编著．-- 北京：海豚出版社，2020.5（2023.11重印）

ISBN 978-7-5110-5136-3

Ⅰ．①把… Ⅱ．①歪… Ⅲ．①汉语－成语－故事－青少年读物 Ⅳ．① H136.31-49

中国版本图书馆CIP数据核字（2020）第000044号

把成语用起来——一读就会用的分类成语故事
歪歪兔童书馆 / 编著

出 版 人：王　磊
策　　划：宗　匠
监　　制：刘　舒
策划编辑：宋　文
撰　　文：赵　艳
绘　　画：徐敏君
责任编辑：许海杰　杨文建
装帧设计：王　蕾　侯立新
责任印制：于浩杰　蔡　丽
法律顾问：中咨律师事务所　殷斌律师

出　　版：海豚出版社
地　　址：北京市西城区百万庄大街24号　邮　　编：100037
电　　话：（010）85164780（销售）　　（010）68996147（总编室）
传　　真：（010）68996147
印　　刷：北京博海升彩色印刷有限公司
开　　本：16开（860毫米×1130毫米）
印　　张：73.25
字　　数：800千
印　　数：190001-200000
版　　次：2020年5月第1版
印　　次：2023年11月第12次印刷
标准书号：ISBN 978-7-5110-5136-3
定　　价：450.00元（全十册）

版权所有　　侵权必究